너와 있으면
나만 나쁜 사람이
되는 것 같아

HIGAISHA NO FURI WO SEZUNIHA IRARENAI HITO
by Tamami Katada

Copyright © Tamami Katada
All rights reserved.
Originally published in Japan by SEISHUN PUBLISHING CO., LTD., Tokyo.
Korean translation rights arranged with SEISHUN PUBLISHING CO., LTD., Japan.
Through The English Agency (Japan) Ltd. and Danny Hong Agency.

너와 있으면
나만 나쁜 사람이
되는 것 같아

피해자인 척하는
사람에게서 조용히
멀어지는 법

가타다 다마미 지음 | 홍성민 옮김

갈매나무

CONTENTS

나는 오늘 불쌍한 척하는
당신과 이별합니다

피해자인 척하며 남을 공격하는 사람

지금 우리 사회에서 가장 강한 사람은 누굴까?

역설적이지만 답은 '피해자'다. '가해자'와 '피해자'를 비교해보자. 본래는 가해자가 힘(물리적인 힘이나 사회적 입장)이 더 세기 때문에 피해를 줄 수 있었다. 그런데 이제는 피해를 준 사실이 백일하에 드러나면 힘의 관계가 역전된다.

현대사회는 규칙이 없는 약육강식의 세계가 아니다. 물론 현실에 못 미치는 부분도 있지만 누군가가 누군가에게 피해를 주면 사회 전체에서 피해자를 구제하고 가해자에게는 벌을 주거나 교육하는 것이 기본 원칙이 되었다.

피해자가 피해를 당했다고 호소하면 사회가 피해자를 지지하고 가해자를 규탄하며 때로 벌을 주기도 한다. 예전처럼 피해자가 울며 겨자 먹기로 참을 필요는 없다. 입장이 약해서 피해를 당하기 쉬웠던 사람에게 현대는 살기 좋은 시대라고 할 수 있다.

그런데 이런 '피해자의 힘'을 악용하는 사람들이 있다. 이들은 피해자가 아닌데 피해를 당했다는 거짓말로 주위 사람을 자기편으로 만들어서 누군가를 공격한다.

주위에서 다음과 같은 이야기를 들은 적이 있는지 한번 떠올려보자.

▶ 지각을 반복하는 직원이 있다. 빈자리를 메워야 하는 다른 직원의 불만에 상사는 일단 자주 지각하는 직원에게 부드럽게 주의를 주었다. 그런데 개선의 징후가 전혀 보이지 않았다. 그래서 강하게 설교했더니, 그 직원은 '파워하라 (power harassment, 부당하게 권력을 행사하는 직장 내 괴롭힘을 이르는 일본식 용어-옮긴이)'라며 도리어 화를 냈다. 결국 상사는 인사과에 불려가 사정을 설명해야 하는 처지가 되었다.

▶ 일에서 실수를 연발하는 선배가 있다. 그런데 그는 상사에게 보고할 때 "후배 때문에 거래처 담당자가 화가 났다."라고 하거나 "후배가 보고한 정보에 잘못이 있었다."라고 말해 후배에게 책임을 전가했다. 현장 상황을 자세히 모르는 상사가 선배의 보고를 그대로 믿어서 후배는 나쁜 사람

이 되어버렸다.

▶ 한 여성 직원이 거래처 남성에게 식사 초대를 받았다. 초대를 정중히 거절했는데 스토커처럼 계속 문자 메시지를 보냈다. 회사를 통해 불만을 전달하자 더 이상 연락은 하지 않았다. 그러나 그 거래처 남성이 "그녀가 양다리를 걸쳤다. 나는 피해자다."라고 주장하거나 "아무하고나 자는 여자다." 같은 전혀 근거 없는 소문을 퍼뜨려 여성 직원의 직장 생활이 불편해졌다.

▶ 원래 일에 욕심이 많았던 어머니는 나를 임신해 직장을 그만두고 전업주부가 되었다. 자상한 어머니였지만 내가 대기업에 취직하자 "엄마는 너를 낳고 일을 그만뒀다. 그런데 너는……" 하고 푸념을 시작했다. 모녀관계가 나빠져서 집에 있기 불편해졌다.

이 사례들의 공통점은 가해자가 모두 '피해자인 척'한다는 것이다. 물론 피해자인 척하는 사람들도 나름대로 어떤 고통을 안고 있을 수 있다. 그러나 그것은 자업자득일 뿐, 누가 그렇게 만든 것이 아니다. 그런데도 이들은 '나는 피해자'라고 강조함으로써 오히려 누군가를 공격한다.

이런 유형에 속하는 사람들을 많이 떠올릴지도 모르겠

다. 사실 피해자인 척하는 사람은 특별한 존재가 아니다. 직장, 학교, 가정, 교우관계 등 우리 주변에서 드물지 않게 볼 수 있다. 그리고 그들에 의해 가해자가 되어 주눅 들어버린 사람도 많다.

○— 어쩌면 가까이에
있을지도 모른다

'다행히 내 주위에 그런 골치 아픈 인물은 없어.'라고 생각하는 사람도 분명 있을 것이다. 피해자인 척하는 사람은 자신이 가해자로 몰아도 반격하지 않을 상대를 타깃으로 삼는다. 또, 주위에 자신이 얼마나 피해를 당했는지 호소하는 데도 뛰어나다. 그래서 자신이 직접 피해를 당하지 않으면 피해자인 척하는 사람들이 있다는 것조차 알지 못할 수 있다.

그렇다면 가까운 인간관계 밖으로, 가령 다음과 같은 신문 기사로 눈을 돌려보면 어떨까.

역무원에 침 뱉은 36세 남성 체포

10일 오전 9시 55분경, 즈시(逗子)역 역무원(48세)이 JR요

코스카(橫須賀)선 플랫폼에 도착한 전차 안에서 술에 취해 잠들어 있는 남성을 발견하고 종점이라고 알리며 깨웠다. 그런데 잠을 깨운 것에 화가 난 남성은 플랫폼에서 역무원에게 침을 뱉었다. 역무원은 이 남성을 붙잡아 경찰에 넘겼다. (《산케이뉴스》 2018년 1월 11일 7시 1분)

역무원에 대한 폭행은 적반하장이다. 술을 마시고 잠든 것은 남성 자신의 잘못이므로 어디에 화를 터뜨릴 수도 없다. 그래서 '억지로 깨웠으니 나는 피해자'라는 상황을 만들어 약한 입장의 역무원에게 분풀이한 것이다.

표적이 되는 것은 역무원만이 아니다. 피해자인 척하는 사람에게는 점원도 좋은 타깃이 될 수 있다.

편의점 주인에게 박치기, 자신이 쏟은 커피의 값 주지 않아서 … 교토에 사는 무직 남성 체포

2일 미나미 경찰서는 자신이 쏟은 커피의 값을 돌려주지 않은 것에 화가 난 편의점 사장을 머리로 들이받은 남성(무직, 45세)을 폭행혐의로 체포했다. 남성은 잘못을 인정하고 "주인의 대응에 화가 났다."라고 말했다. (《산케이뉴스》 2017년 8월 2일 19시 40분)

커피를 쏟은 남성에게 편의점 주인이 돈을 돌려주지 않는 것은 당연하다. 그러나 이 남성은 자신이 피해를 당했다고 생각해 편의점 주인에게 폭력을 행사하고 이를 정당화하려 했다. 말이 안 되는 일이다.

예를 들자면 끝이 없는데, 자신이 피해자라고 주장하며 서비스업 종업원을 추궁하는 악성 소비자의 예도 인터넷에서 검색하면 얼마든지 찾아볼 수 있다.

넓은 의미에서는 자녀 일로 학교를 찾아가 고함을 치는 '몬스터 페어런트monster parent(학교에 상식을 벗어난 어처구니없는 요구를 하거나 상식에 벗어난 행동을 하는 극성 부모를 가리키는 일본식 영어-옮긴이)'나 의사에게 무리한 요구를 하는 '몬스터 페이션트monster patient(의료종사자나 의료기관에 터무니없는 요구를 하거나 폭언, 폭력을 휘두르는 환자를 가리키는 일본식 영어-옮긴이)'도 악성 소비자의 일종이다. 사건화되지 않았을 뿐 마치 자신이 피해자인 양 행동하는 학부모와 환자 때문에 난처한 경험을 했다고 말하는 교사와 의사가 많다. 이처럼 피해자인 척하는 사람들은 사회 곳곳에 존재한다.

만일 주위에 피해자인 척하는 사람이 없다면 운이 좋은 것이다. 그들에게 찍혀서 당신이 피해를 덮어쓰게 될지도 모르니까.

진짜 피해자와
'피해자인 척하는 사람'

　피해자인 척하는 사람들 중에는 피해를 당한 적이 없는데 누군가를 공격하기 위해서 의도적으로 피해자로 가장하는 사람도 있지만 진심으로 자신을 피해자라고 믿어버리는 사람도 있다. 앞서 말한, 출산으로 자신의 인생이 엉망이 되었다고 생각해 딸에게 푸념하기 시작한 어머니가 그 예다.

　물론 이 어머니가 육아를 위해서 자기 삶을 희생했을 수있다. 실제로 아이를 낳은 후에도 일을 계속할 수 있는 사회가 이상적이다. 어머니가 자신에게 그런 환경을 제공하지 못한 사회를 원망하는 마음을 이해하지 못하는 것도 아니다.

　하지만 출산을 선택한 것은 다른 누구도 아닌 어머니 자신이다. 부모가 육아를 위해 다소의 희생을 치른다고는 하지만 대개의 부모는 그 희생을 감수하면서 출산을 선택한다. 그런 부모와 비교하면 이 어머니는 피해자 의식이 지나치게 강하다.

더 큰 문제는 이 어머니가 과도한 피해자 의식을 딸에게 터뜨리고 있다는 것이다. 실제로 피해를 입었더라도 화를 내야 할 상대는 아이를 키우면서는 일을 할 수 없는 이 사회다. 이런 사회 대신 어머니의 불만을 들어야 하는 딸은 무척이나 괴로울 것이다. 이 어머니처럼 '피해자 의식이 지나치게 강한 사람'도 이 책에서는 피해자인 척하는 사람에 포함한다.

피해자 의식이 강한 사람은 사실 피해와는 아무 상관 없는데도 피해를 당했다고 진심으로 믿거나, 자신이 당한 1만큼의 피해를 10으로 착각한다. 그리고 그것을 타인을 공격하는 재료로 삼는다. 본인에게 피해를 가장할 의도는 없을지 몰라도 주위에서 보면 실제로는 피해가 존재하지 않거나 특별한 피해가 아님에도 지나치게 소란을 피우는 것으로 보이기 때문에 의도적으로 피해자인 척하는 사람과 똑같다.

여기서 강조해두고 싶은 것이 있다. '피해자인 척하는 사람'과 '진짜 피해자'를 혼동해선 안 된다는 것이다.

지난 동일본대지진에 의한 원자력발전소 사고로 피난 생활을 하게 된 사람들 가운데 심신의 고통을 견디다 못해 스스로 목숨을 끊은 사람이 있었다. 유가족은 도쿄전력을 상대로 손해배상을 청구했는데, 2018년 2월 법원은 자살과 원자력발전소 사고와의 인과관계를 인정하는 판결을 내렸다. 이 소식이 전해지면서 인터넷에서는 '돈을 노렸다'라는 비난이 이어졌다.

피고 측인 도쿄전력도 할 말은 있을 것이다. 또, 나는 법률 전문가가 아니어서 이 판결이 타당한지 확실히 알지 못한다. 그러나 자살한 사람과 유가족은 진짜 피해자이며, 적어도 배상금을 노렸다는 인상은 받지 못했다. 그래서 인터넷 게시판의 악성 댓글을 보고 가슴이 아팠다.

사실은 이 책을 쓰면서도 갈등이 있었다. 피해자인 척하는 사람에 대한 경계를 강조하면 그것이 '진짜 피해자'에 대한 공격으로 이어지지 않을까 불안했던 것이다.

그러나 숙고 끝에 피해자인 척하는 사람에 대한 글을 쓰기로 결정했다. 오히려 피해자인 척하는 사람의 실체를 밝힘으로써 진짜 피해를 당한 이들에 대한 부당한 비난을 막을 수 있다고 생각했기 때문이다.

'진짜 피해자'에 대한 공격이 일어나는 배경은 두 가지다. 첫째, 세상에는 피해자인 척하는 사람을 달래는 사람이 많다. 반면 피해자인 척하는 사람에게 피해를 보는 일이 빈발해서 진짜 피해자가 오히려 '저 사람도 피해자인 척하는 게 아닐까?' 하는 의심을 받는 경우도 많다. 이런 사태를 막으려면 피해자인 척하는 사람에 의한 피해를 줄이는 것이 상책이다. 그래서 도망치지 않고 피해자인 척하는 사람에 대해 정확히 쓸 필요가 있었다.

둘째, 진짜 피해자를 비난하는 사람 역시 피해자 의식에 영향을 받고 있다는 것을 지적하고 싶다. 자세한 것은 이후에 설명하겠지만 사람은 피해자 의식이 강해지면 방어기제가 작동해 종종 타인을 심하게 비난하는 것으로 마음의 평온을 유지하려고 한다. 이 구도를 이해하면 비난하는 사람도 자제하기 쉽다. 그런데 이 구도를 이해시키려면 피해자인 척하는 사람의 심리를 설명해야 한다.

피해자인 척하는 사람을 문제 삼다가 자칫하면 진짜 피해자에 대한 부당한 비난을 조장할 위험이 있을 수 있다.

이를 예방하기 위해 이 책에서는 피해자인 척하는 사람의 특징과 정신구조를 면밀히 분석한다. 그렇기 때문에 책을 읽으면 '진짜 피해자'와 '피해자인 척하는 사람'을 구별할 수 있게 될 것이다.

이 책은 그런 목적을 갖고 있다는 것을 미리 말해둔다.

피해자인 척하는 사람들에게
어떻게 대처할까

　사회 곳곳에는 '피해자는 무엇을 해도 용서된다.'라거나 '피해자는 금전적으로 보상받아야 한다.'라는 생각으로 피해자의 입장을 취하고 싶어 하는 사람들이 많이 있다. 그들의 타깃이 되면 원래 나쁜 것은 그들인데 어느 사이에 입장이 바뀌어 이쪽이 나쁜 사람이 된다. 그 결과로 마음의 병을 얻거나 일종의 불이익을 당하는 경우가 많다.

　안타깝지만 한번 괴물이 되어버리면 두 번 다시 이전으로 돌아갈 수 없다. 그것이 정신건강을 다루는 현장에서 여러 증례를 보아온 나의 솔직한 감상이다. 상대가 변하지 않는다면 자신이 '피해자인 척하는 사람'에게 대비해야 한다.

　이 책은 피해자인 척하는 사람들이 눈에 띄게 된 배경과 그들이 피해자처럼 행동하는 심리를 알아보고, 피해자인 척하는 사람들로부터 자신을 지키는 방법을 제시한다.

피해자인 척하는 사람에게 찍히면 정말로 곤란해진다. 그러나 휘말리지 않거나 휘말렸어도 피해를 최소한으로 하는 방법은 있다. 그런 요령을 알아두면 피해자인 척하는 사람들을 두려워하지 않을 수 있다.

또, 자신이 피해자인 척하는 사람이 되지 않기 위한 기술에 대해서도 설명한다. 피해자인 척하는 사람이 어디에나 있다는 것은 자신도 사소한 계기로 피해자 의식을 키울 수 있다는 의미다.

인정하고 싶지 않지만 사람은 누구나 피해자인 척하고 싶은 심리가 있다. 보통은 그런 심리를 통제하지만 폭주할 위험이 전혀 없지는 않다. 자신이 괴물이 되지 않도록 스스로를 통제하는 기술을 습득할 필요가 있다.

피해자인 척하는 것은 현대의 정신 병리病理와 관련된 것으로, 그 누구도 무관할 수 없다. 피해자인 척하는 사람들, 그리고 자기 안에 있는 피해자인 척하는 심리와 어떻게 마주해야 할까? 이 책이 그 힌트가 되기를 바란다.

국가가 전쟁을 걸 때와 마찬가지로
우리는 직장과 가정 등에서
자신이 피해자임을 강조해 서로 상처를 준다.
이는 거의 숙명 같은 것이기 때문에 눈을 돌려선 안 된다.
자신 안에, 그리고 주변 사람들 안에 있는
피해자 의식을 현명하게 대할 방법은 무엇일까?

1부

너와 함께 있으면
나만 나쁜 사람이 되는 것 같아

: 피해자인 척하는 사람 식별하기

Chapter 1

그들이
머무는 곳에는
갈등이 있다

스스로 피해자로 만들어
책임을 회피한다

    피해자인 척하는 사람은 정말 골치 아픈 존재다. 피해를 주장해서 주위에 혼란을 초래한다. 때로는 관계자끼리 대립하게 만들어 인간관계를 무너뜨린다. 만일 직접 그들의 타깃이 된다면 더욱 비참해진다. 이때 제대로 대처하지 않으면 자신이 '나쁜 사람'이 되어 조직에서 배제되거나 스트레스로 마음의 병을 얻게 된다.

    실제로 어떤 피해가 있을까? 먼저 직장에서의 실례를 살펴보자.

    한 회사에 신입사원이 있었다. 일에 실수가 많았지만 처음에는 누구나 그럴 수 있기에 상사는 인내심을 갖고 지도했다. 그런데 신입사원에게는 또 하나 지도해야 할 것이 있었다. 바로 지각하는 버릇이다. 정당한 이유가 없는 지각은 사회인으로서 실격이다. 업무 실수는 어쩔 수 없지만 지각하는 버릇은 제대로 지도하지 않으면 다른 직원들에게도 본보기가 될 수 없다. 그래서 상사는 신입사원을 불러 말로 주의를 주었다.

이 정도의 문제 직원은 어느 회사에나 있다. 그러나 그 신입사원은 정도를 뛰어넘었다. 상사가 주의를 주자 그는 그 자리에서 울음을 터뜨리며 이렇게 반격했다. "그런 식으로 말하다니 심하세요. 갑질하시는 것 같아요." 단순히 주의를 준 것뿐인데 오히려 힐책당한 상사는 횡설수설하다가 더 이상 아무 말도 할 수 없게 되었다.

신입사원의 반격은 거기에 머물지 않았다. 신입사원은 상사의 상사에게 갑질 피해를 상담했고, 결국 상사는 인사부에 불려 가 자초지종을 설명해야 했다.

다행히 인사부도 이 신입사원이 지각 상습범이란 사실을 알고 있었고, 상사의 지도가 갑질은 아니었다는 것이 다른 부하의 증언으로 판명되어 구체적인 문책은 없었다. 하지만 신입사원을 제대로 교육하지 못한 것은 사실이기 때문에 관리자로서는 감점일 수 있다. 인사평가에 영향을 주지 않을 거라고는 장담할 수 없었다.

❖ ❖ ❖

거꾸로 상사의 피해자 의식이 강해서 부하가 난감해진 경우도 있다.

한 회사에 입사한 신입사원은 유명한 대학 출신이었다. 그가 고학력인 것을 빗대어 상사는 그를 '거물 씨'라고 불렀다. 물론 칭찬이 아니라 빈정대는 것이다. 매사에 "너는 학력은 대단한데 경험이 없어."라고 하거나 "대학에서 배운 경리 이론은 도움이 안 돼."라고 하며 신입사원을 꾸짖었기 때문이다. 이런 일이 반복되면 사람은 자신감을 잃는다. 신입사원도 자신의 능력이 부족한 걸까, 대학에서 배운 공부가 아무 쓸모 없는 것이 아닐까 고민하게 되었다.

그런데 상사의 꾸짖음에는 패턴이 있었다. 상사가 신입사원을 포함한 부하직원들을 몰아세우는 것은 상사 자신이 실수를 저질렀을 때였다. 부하직원의 잘못을 왈가왈부하는 것은 자신의 실수를 얼버무리기 위해서였던 것이다.

그 의혹은 한 사건에 의해 확신으로 변했다. 신입사원이 퇴근하려고 회사 정문을 나와 몇 걸음 걸어갔을 때 갑자기 지하 주차장에서 차가 올라와 사고를 당할 뻔했다. 운전자는 그의 상사였다. 아무리 생각해도 보행자에게 주의를 기울이지 않은 상사의 잘못이었다. 그런데 상사는 차창 밖으로 상체를 내밀더니 "멍청아, 어디를 보고 걷는 거야. 위험하잖아!"라고 하며 화를 냈다.

'자신을 피해자로 만들어 책임을 회피하려고 하는구나. 불쌍한 사람이다.' 이런 확신이 든 신입사원은 이후에는 상사가 심하게 꾸짖어도 흘려듣게 되었다. 이 신입사원의 경우 상사의 본성을 꿰뚫는 통찰력과 나무라는 말을 흘려들을 수 있는 정신력이 있어서 다행이지만 만약 그렇지 않았다면 상사의 언동으로 큰 스트레스를 받아 무너져버렸을지도 모른다.

"너만 잘했으면 이렇게 안 됐어."

이 신입사원의 상사처럼 피해자인 척하는 사람은 타깃이 죄책감을 품게 만드는 데 뛰어나다. 상대가 딱히 잘못이 없어도 문제의 원인은 상대에게 있다는 것처럼 교묘한 말솜씨로 책임을 덮어씌운다.

자주 사용하는 말을 몇 가지 들어보자. 이들은 자신이 실수했을 때 책임을 전가하며 다음과 같이 말한다.

"당신이 조심했으면 이렇게 안 됐어."

"비즈니스는 결과야. 할당량을 달성하지 못한 것은 주위의 탓이 아니라 자신의 탓이야. 그 결과로 뒤치다꺼리를 하게 된 입장을 생각해봐."

이렇게 상대의 부주의나 능력 부족으로 자신이 힘들다며 질책한다. 그건 생트집이라고 반론하면 여유를 주지 않고 이렇게 말할 것이다.

"당신을 생각해서 조언하는데 왜 들으려 하지 않는 거야?"

"상사의 충고에 귀 기울이지 않으면 성장할 수 없어."

논점에서 벗어난 말이다. 원래는 성과가 나지 않는 원인에 대해서 말했는데, 조언에 귀를 기울여야 한다는 말로 바꿔버린다. 일반적으로 조언은 들어야 하는 것으로 여겨지기 때문에 상대는 '역시 내 잘못'이라고 믿어버린다.

피해자인 척하는 사람은 이처럼 선善과 정의를 내세워 상대에게 죄책감을 심으려 한다. 사회에서 선과 정의로 인정되는 것에 반론하기는 어렵다는 점을 이용해 상대를 자기 페이스로 끌어들인다.

❖ ❖ ❖

또 하나의 예를 살펴보자. 지점과 영업사원끼리 실적을 두고 경쟁하게 하는 회사가 있다. 이 회사의 한 점장은 자신이 맡은 지점의 실적이 생각보다 못하자 실적이 낮은 영업사원을 찍어서 "모두의 발목을 잡는다."라며 비난의 대상으로 삼았다. 이 사원이 녹초가 되어 지점에 돌아오자 점장은 사람들 앞에서 대놓고 질책하기 시작했다. 그리고 다른 직원들이 퇴근한 후에도, 심지어 지하철이 끊길 때까지도 설교를 계속했다.

물론 영업사원의 능력에 문제가 있을지도 모른다. 그러나 이야기를 들어보니 근본적인 원인은 점장의 관리에 있었다. 그 회사는 루트 세일즈(일정한 고객을 정해진 순서route로 돌아가면서 판매하는 방법–옮긴이)를 하는 회사로, 누가 어떤 루트를 담당하느냐에 따라서 영업사원 개인의 실적이 크게 달라진다. 점장의 공격 대상이 된 영업사원이 할당받은 곳은 지점에서 멀리 떨어져 이동 시간이 길고, 인구와 잠재 고객이 비교적 적은 지역이다. 다른 영업사원에 비해 조건이 불리하기 때문에 점장이 그런 불리함을 조정해야 했다.

그런데 점장은 '결과가 전부'라며 자신의 관리 실패를 인정하지 않았다. 오히려 "나는 당신을 생각해서 매일 늦은 시간까지 지도를 하고 있어. 그런데 적당히 흘려들으니 출세를 못 하는 거지."라는 식으로 생색을 내며 설교를 계속했다.

상사가 고생을 마다하지 않고 부하를 지도하는 것은 선이다. 그것이 보편적이다. 그 점에 대해서는 반론하기 어렵기 때문에 영업사원은 "저를 위해 특별히 지도해주시고,

정말 죄송합니다."라고 대답할 수밖에 없다. 그러다 보면 죄책감이 슬금슬금 뿌리를 내린다.

영업사원이 논점에서 벗어난 점장의 설교를 들을 필요는 없었다. 본래는 지점과 개인의 실적이 오르지 않는 원인이 무엇인가에 대해서 말해야 한다. 조언을 듣는 것이 좋은가 나쁜가 하는 문제는 본래의 논점에서 벗어난다. 그것을 깨닫지 못하면 선과 정의를 꺼내 드는 피해자인 척하는 사람의 말에 꼼짝하지 못하게 된다.

○─ '분노의 치환'이
일으킨 비극

피해자인 척하는 사람이 정말 피해를 당하는 경우도 있다. 하지만 피해를 당했다고 반드시 실제 가해자에게 피해를 주장하는 것은 아니다. 자신이 당한 피해를 잊기 위해서 전혀 관계없는 제삼자에게 기분 전환을 하듯이 피해자인 척하며 공격하는 경우도 있다.

구체적인 예를 하나 들어보자. 모 유명 백화점에 근무한 직원이 있었다. 인터넷 쇼핑이 흔해지면서 매출이 저하된 백화점 업계에는 쇠퇴의 그늘이 드리워졌고, 이 직원이 근무했던 백화점에서도 직원 감축을 위한 구조조정이 이루어졌다. 표면적으로는 희망퇴직제도지만 실질적으로는 퇴직 권유였다. 월급을 많이 받는 고참자와 능력이 부족한 직원이 주로 퇴직을 권유받았고 많은 직원이 근속 연수에 따라 더해주는 할증 퇴직금을 받고 백화점을 그만두었다.

어느 날, 사무 업무를 담당했던 이 직원도 퇴직 권유 대상이 되었다. 그러나 생활에 어려움이 있었던 직원은 단호히 권유를 거부했다. 그러자 상사의 집요한 괴롭힘이 시작되었다.

예컨대 그 직원에게 우편물이 도착하면 상사는 정중히 건네거나 책상 위에 놓지 않고 던져서 주었다. 커피를 마시러 갈 때 마주치면 "거추장스럽다."라고 비난했다. 그래도 참았더니 이번에는 자리 뒤를 지날 때마다 "죽으면 좋을 텐데."라는 폭언까지 내뱉었다.

❖ ❖ ❖

직원은 마음의 병을 얻어 한동안 휴직했다. 쉬면서 몸의 상태는 좋아졌지만 복귀하자 상황은 더욱 나빠졌다. 회사에서 직원을 일을 주지 않고 투명인간으로 취급하는 부서, 한마디로 희망퇴직의 방으로 이동시킨 것이다.

희망퇴직의 방에는 같은 처지의 직원이 모여 있었다. 한 사람 한 사람이 다 구조조정 피해자이기 때문에 일치단결해 회사를 상대로 뭔가 행동했다면 피해자로서 정당한 행동이었을 것이다. 그런데 희망퇴직의 방에 있던 사람들은 서로를 공격하기 시작했다. 각자 피해자지만 구조조정과 관계없는 일로 피해자의 얼굴을 하고 서로의 발목을 잡았다. '분노의 치환'이 일으킨 비극이었다.

원래 분노나 불안을 느끼면 그 원인이 된 사람이나 물건에 감정을 터뜨리게 된다. 그러나 그것이 불가능한 상황이거나 직접 반격하기 두려운 상대라면 대신 다른 것에 감정을 터뜨려서 흔들리는 마음의 균형을 잡으려고 한다. 정신분석에서는 이런 심리구조를 '치환'이라고 하는데, 불안정한 자신의 마음을 지키기 위해 작동하는 방어기제 중 하나다.

그런데 치환으로 타인을 공격한 본인은 마음이 가라앉을 수 있겠지만 화풀이를 당한 측은 참을 수 없어진다. 그 직원이 있었던 희망퇴직의 방은 모두 희망퇴직 후보가 되었다는 사실로 분노와 불안을 느꼈다. 그리고 이 분노의 치환 때문에 서로 공격하게 된 사람들로 인해 지옥의 양상이었다.

이 사례만큼 비참하지는 않지만 분노의 치환으로 날벼락을 맞는 경우는 드물지 않다. 앞서 소개한, 자신이 실수했을 때 부하의 잘못을 언급하는 상사도 어쩌면 비슷한 예

일지도 모른다. 자신의 상사에게 질책을 당하며 강등에 대한 불안을 느끼고, 그 분노와 불안을 부하들에게 터뜨렸을 가능성도 있다.

○─ 서로 피해자 의식을 느끼며
   공격하는 사람들

이번에는 가정의 사례를 살펴보자. 부부도 피해자 의식이 싹트기 쉬운 관계라고 할 수 있다. 결혼해 아이를 낳고 전업주부가 된 아내가 있었다. 아내는 교육열이 강해서 아이를 유명 사립학교에 보내려고 했다. 그러나 공부에 관심이 없었던 아이는 학교에서 집에 돌아오면 게임에만 열중했다. 결국 유명 사립중학교 입시에 떨어져 지역의 공립중고등학교에 다니게 되었다. 사립만큼 입시에 주력하지 않는 공립학교에 진학한 아이는 대학도 원하는 곳이 아닌 양다리 작전으로 지원한 곳에 겨우 붙었다.

아내는 그 모든 원인이 남편에게 있다고 생각했다. 남편은 평범한 직장인으로 수입도 안정적이었다. 그러나 아내는 "당신이 출세해서 돈을 잘 벌었으면 아이도 좋은 학원에 보낼 수 있었다." 혹은 "내가 힘들게 키웠는데 당신 때문에 아무 보람도 없게 됐다."라고 말하며 남편을 책망했다.

대학 입시에 실패해서 아이를 키운 게 아무 보람 없다고 한다면 아이가 너무 불쌍하다. 자식은 좋은 대학에 들어가기 위해서 사는 것이 아니기 때문이다. 그러나 전업주부였던 아내에게는 아이의 성장이 전부였다. 즉 아이의 실패는 자신의 실패였던 것이다. 결국 아내는 아이가 대학 입시에 실패하자 자신의 인생이 부정당했다고 느꼈고 피해자 의식이 커졌다.

남편에 대한 비난도 잘못되었다. 부모의 수입과 자녀의 학력에 상관관계가 있다고는 하지만, 남편의 수입은 평균적으로, 특별히 불리한 조건이 될 정도는 아니었다. 원래 아들이 게임만 하고 가정학습 습관이 없었던 것은 전업주부인 아내에게도 책임이 있다. 그것은 거론하지 않고 남편만 책망하면 남편도 화를 참을 수 없을 것이다.

❖ ❖ ❖

반대로 남편의 피해자 의식이 커져서 아내가 난처해지

는 경우도 있다. 최근에 자주 듣는 '가정 내 관리직'으로 변한 남편을 예로 들 수 있다. 연공서열형인 일본 기업에서 근무하는 남성은 정년퇴직할 즈음이면 거의 부하를 거느리며 거만하게 부리는 관리직 위치에 있다. 그래서 퇴직 후 가정에서도 그런 쾌감을 맛보기 위해 아내나 자식에게 관리직처럼 행동하며 집안일에 참견하기 시작한다.

퇴직 전에는 "집안일은 전부 당신이 알아서 해."라고 말하며 육아를 포함해 모든 것을 아내에게 맡겼던 남편이 있었다. 그런데 정년퇴직한 순간부터 그는 "욕실이 더럽잖아."라거나 "쓰레기 분리수거가 안 되어 있어."라고 지적하는가 하면 "건강을 생각해서 매일 저녁 반찬은 채소 중심으로 해."라고 말하며 집안일에 개입하기 시작했다. 집안일에는 나 몰라라 했던 때가 차라리 낫다는 것이 아내의 본심이다.

사실은 남편의 이런 행동도 피해자 의식에서 파생했을 가능성이 크다. 남편은 자신이 가족을 부양하려고 뼈 빠지게 일했다고 생각할 것이다. 물론 가족을 부양했다는 자부심을 갖는 것이 잘못은 아니다. 그러나 남편에게는 아내가 해온 집안일도 엄연한 노동이라는 인식이 없었다. 가족을 위해 희생한 것은 자신뿐이고, 아내는 고생은 모르고 집에서 놀며 지냈다고 생각할지도 모른다. '현역 때는 내가 희생했으니 정년 후에는 돌려받아도 된다.' 이런 피해자 의식으로 남성은 난폭한 '가정 내 관리직'으로 변한 것처럼 보인다.

이 두 가지 예에 대해서 '남편이 잘못했다.' 혹은 '아내가 잘못했다.'라며 나오는 다른 견해를 가진 사람도 있을 것이다. 사람에 따라 시점이 다른 것은 어떤 의미에서 당연하다. 일반적으로 부부관계는 쌍방의 협력 없이는 성립하지 않는다. 바꿔 말하면, 자신의 무언가를 희생해야 관계를 지속할 수 있다. 물론 서로 희생하며 관계를 지속하는 것으로 얻을 수 있는 이점은 큰데, 희생한 부정적인 면에 눈을 돌리면 양쪽 모두 피해자인 척할 수 있다. 부부관계는 '피장파장'이라서 입장이 바뀌면 관점도 바뀐다.

실제로 서로 피해자 의식을 느끼며 공격하는 부부는 많다. 각자 변명이 있고 납득할 수 있는 부분이 있는 만큼 부부관계는 어렵다.

❖ ❖ ❖

부부간의 피해자 흉내 싸움 중에서 가장 치열한 것은 이혼 협의와 조정, 재판일 것이다.

보통 부부싸움은 부부관계를 지속하는 것을 전제로 하기 때문에 어딘가에서 제동이 걸린다. 그러나 이혼이 전제가 되면 이야기가 다르다. 오히려 지금까지 쌓아둔 것을 전부 터뜨리려고 한다. 앞뒤 생각하지 않아도 된다면 조심할 필요가 없다.

이혼 재판에서 피해자 흉내에 박차를 가하는 이유가 또하나 있다. 피해를 인정받으면 위자료 등의 금전과 자식에 대한 양육권을 얻기 쉽기 때문이다.

한 회사에 근무하는 남성의 이야기를 해보려고 한다. 그는 같은 직장의 동료 여성과 결혼해 아이를 낳았다. 그러나 차츰 관계가 식으면서 부부싸움이 잦아졌고 이혼 초읽기에 들어섰다. 그러던 어느 날, 남편이 퇴근해 집에 돌아왔는데 아내와 아이가 보이지 않았다. 옷을 비롯해 쉽게 옮길수 없는 아이의 장난감까지 사라진 것으로 보아 계획적인 가출이었다.

어떻게 해야 할지 몰라 당황한 남편에게 아내 측 변호사의 연락이 왔다. 이혼 신청이었다. 남편도 관계 회복이 불가능하다는 것을 알기 때문에 이혼에 이의는 없었다. 문제는 아내가 내건 조건이었는데, 아내는 아이의 친권을 요구했을 뿐만 아니라 남편이 폭행했다고 주장하며 위자료까지 청구했다.

언쟁 중에 심한 말을 한 적은 있다. 그러나 손을 댄 적은 한 번도 없고, 말싸움 중에 욕을 한 것은 피장파장이다. 하지만 아내는 남편이 일상적으로 폭력을 휘둘러 아버지로서도 문제가 있다고 주장했다.

누명을 씌웠다며 분개한 남편은 아내의 이혼 신청을 거절했고 이혼 협의는 조정으로 이행되었다. 그러나 두 사람의 주장은 평행선을 달렸다. 남편은 모성에 관대한 조정위원이 아내의 증언만 듣고 가정폭력이 있었다는 주장을 그대로 믿고 있다고 했다. 결국 조정에서도 결론이 나지 않아 현재는 재판이 진행 중이다.

나는 남편 측의 이야기를 들은 것뿐이어서 아내가 정말로 가정폭력을 날조했는지 사실 관계는 알지 못한다. 다만 이혼 교섭을 유리하게 진행하기 위해 과거에 남편이 했던 폭력적인 언동을 '섞어 넣는' 경우는 많다고 들었다. 법적으로 그것이 인정되는지와는 별개로, "가정폭력 날조나 강조는 이혼 싸움에서 아내 측의 상투적인 수단이 된다."라고 말하는 변호사도 있다.

하지만 이 남편도 피해자 흉내에서 결코 뒤지지 않았다.

날조도 마다하지 않는 아내의 전략에 대응해 조정에서 다음과 같이 주장했다고 한다.

"말다툼할 때 내가 한 욕이 가정폭력이라면 아이를 야단칠 때 똑같이 욕하고 화를 낸 아내도 마찬가지다. 아니, 흥분해서 찰싹 소리가 날 만큼 세게 때린 적도 있다. 그건 아동학대다. 그런 엄마에게 아이를 맡길 수 없다!"

남편은 자신이 직접 피해를 당하지는 않았지만 자식을 피해자로 만들어 아내 측에 대항했다. 이 경우뿐만이 아니다. 사실 이혼 협의는 '나야말로 피해자'라는 주장이 난무하는 전쟁터다. 예를 들어 바람을 피운 당사자가 오히려 "남편이 가정을 돌보지 않고 생활비도 조금밖에 주지 않았다."라고 하거나 "아내가 성생활을 거부했다."라고 하며 상대에게 책임을 전가하는 주장을 펼쳐 조금이라도 유리한 조건을 끌어내려고 한다.

염치없는 주장을 하는 사람들도 원래는 평범하게 생활했을 것이다. 그러나 자식에 대한 양육권 등의 중대한 조건을 두고 싸우는 극한의 상황이 되면 앞뒤를 생각할 수 없기 때문에 보통 사람도 피해자인 척하는 사람으로 변해버린다. 그 정도로 이혼은 사람을 궁지로 내몬다.

○─ "엄마 때문에
   내 인생이 엉망이 됐어."

가정에서는 부부관계뿐 아니라 부모와 자식 사이에도 피해자 의식이 싹트기 쉽다. 앞에서 어머니가 육아 때문에 부득이 퇴직해 피해자 의식을 키운 경우를 소개했는데, 나의 임상경험으로 말하면 오히려 피해자 의식을 갖기 쉬운 것은 자식이다. 스스로 '독친 毒親(지나친 간섭으로 자식을 망치는 부모를 이르는 말-옮긴이)' 밑에서 자라 마음의 병을 얻었다고 생각하는 사람이 적지 않다.

독친은 정식적인 정신의학 용어는 아니다. 그러나 미국의 심리치료 전문의 수잔 포워드Susan Foeward 의 《독이 되는 부모가 되지 마라》가 1999년 일본에서 출판되면서 일반적으로 사용되기 시작했다. 지금은 일본의 인터넷 이용자들이 흔히 볼 수 있는 용어다.

쉽게 말하면 독친은 자식에게 트라우마를 입히는 부모다. 이들은 신체적·정신적 학대를 하거나 육아를 포기한다. 혹은 거꾸로 과보호나 심한 간섭으로 자식을 키워서 마치 독을 먹이는 것처럼 아이의 마음을 비뚤어지게 한다.

임상현장에서도 "내가 지금 마음의 문제를 갖게 된 것은 독친 때문이다."라고 호소하는 환자가 많다. 이야기를 들어보면 확실히 부모에게 어떤 문제가 있어서 그 영향을 받은 경우가 있다.

반면에 지극히 평범하게 성장했는데 지금 자신이 사회에 적응하지 못하는 것을 부모와의 관계 탓으로 돌리는 경우도 볼 수 있다.

예를 들어, 은둔형 외톨이 상태인 한 20대 청년은 자신이 집에서 나올 수 없게 된 것이 교육열이 강한 부모의 탓이라고 생각한다. 이 청년의 부모는 자식의 장래를 생각해 청년을 사립 중고등학교에 보내려고 했다. 당시 초등학생이었던 청년은 책상 앞에서 공부하기보다 축구부에서 공을 차며 운동장을 뛰어다니는 것을 좋아했지만 학원 공부 때문에 축구부를 그만둘 수밖에 없었다. 학원에서 집에 돌아온 후에도 공부하라는 잔소리 때문에 좋아하는 텔레비전 프로그램도 제대로 볼 수 없었다. 청년이 불평하면 부모는 "중학교에 들어갈 때까지만 참아라. 합격하면 마음껏 놀 수 있다."라고 말하며 달랬다. 마지못해 공부했던 청년은 결국 손꼽히는 사립학교에 합격했다.

그러나 중학교에 들어가서도 사태는 변하지 않았다. 학교 수준에 따라가기 위해서 공부만 해야 했다. 그런데도 성적은 생각만큼 오르지 않아서 부모와 본인의 목표였던 도쿄대에 합격하지 못했다.

집 안에 틀어박혀 부모에게 폭력을 휘두르게 된 것은 대학생이 되면서부터였다. 청년은 도쿄대는 못 갔지만 일류 사립대학에 합격했다. 그러나 어릴 적부터의 희생을 떠올리며 일류 사립대학 브랜드로는 만족하지 못했다.

물론 한창 뛰어놀 초등학생에게 매일 빠뜨리지 않고 해야 했던 학원 공부는 버거웠을 것이다. 좋은 대학에 가라는 부모의 압박도 상당했을 테니 동정이 가는 부분은 분명히 있다.

❖ ❖ ❖

그렇다고 해도 그것이 은둔의 이유가 될까? 청년이 양다리 작전으로 지원했던 대학은 충분히 자랑할 만한 수준의 대학이었다. 청년을 데려가려는 회사도 많았으니 결코 장래가 닫혀버린 것은 아니었다. 그런데도 "부모 때문에 인생이 엉망이 됐다."라고 원망만 하는 것은 아무리 생각해도 지나치다.

청년이 은둔형 외톨이가 된 직접적인 원인은 다른 데 있을 가능성이 크다. 그러나 본인은 그 원인을 직시하고 싶지 않은 듯하다. 현실에서 눈을 돌리기 위해 부모를 가해자로 꾸며낸 부분이 있기 때문이다. 이처럼 스스로를 '독친의 피해자'라고 생각해 근본적인 문제에 뚜껑을 덮어버리는 사람이 많다.

부모 탓으로 돌려 자기 안에서 타협을 하는 것뿐이라면 그나마 해는 크지 않다. 그러나 피해자 의식이 폭주해 부모에게 폭력을 휘두르거나 어른이 되어도 청년 무직자로 부모에게 기생하는 사태가 되면 비참해진다. 부모와 자식 관계에서도 지나친 피해자 의식은 위험하다는 것을 잊어서는 안 된다.

모든 싸움은
피해자인 척하는 데서 시작한다

　　인간관계에서 조금 이야기가 벗어나는데, 국가 간의 전쟁에 대해서 생각해보면 피해자인 척의 위험성을 이해하기 쉽다. 일부 전쟁은 어느 한쪽이 피해자인 척하는 데서부터 시작되었기 때문이다.

　　일본이 당사자였던 전쟁 중에서는 만주사변(1931년 9월 일본군이 중국 둥베이 지방을 침략한 전쟁-옮긴이)이 그랬다. 계기가 된 류타오후 사건柳條湖事件 (일본이 자작한 철도 폭파사건-옮긴이)에서 일본이 소유한 남만주철도 노선의 일부가 폭파되었는데 이때 중국에 주둔한 일본 관동군은 그것을 중국군의 소행이라고 발표했다. 관동군은 중국군과 교전에 들어갔고 만주사변이 발발했다. 그러나 이후 연구에서 류타오후 사건은 관동군이 일으킨 자작극이란 것이 밝혀졌다.

관동군은 피해자를 연기해 중국군을 공격하는 구실로 삼은 것이다.

피해자인 척하는 것이 일본만의 특기는 아니다.

예를 들어, 미국이 베트남 전쟁에 깊이 개입하는 계기가 된 통킹만灣 사건(1964년 8월 2일 통킹만 해상에서 북베트남 해군의 135편대 소속 어뢰정 세 척이 미 해군 구축함 USS 매독스함을 선제공격한 사건-옮긴이)에서는 북베트남 해군의 어뢰정이 미 해군의 구축함을 향해 어뢰를 발사했다. 그러나 후에 이 사건의 일부는 미국 측의 날조라는 것이 밝혀졌다. 동서양을 불문하고 전쟁에서는 피해자인 척하는 것으로 상대에 대한 공격을 정당화하는 것이 예사다.

시대도 관계없다. 에도 막부(도쿠가와 이에야스德川家康 가 일본을 통일하고 현재의 도쿄인 에도에 연 무인 정권-옮긴이)를 연 후 도요토미豊臣 가를 멸문시켜 후세에 대한 불안을 없애고 싶었던 도쿠가와 이에야스는 한 가지 계책을 궁리해냈다. 도요토미 히데요리豊臣秀頼 (도요토미 히데요시의 아들-옮긴이)가 호코지方廣寺 대불전을 재건했을 때, 주조한 범종에 새긴 명문銘文에 트집을 잡는 것이었다.

명문에는 '국가안강國家安康'이라는 문구가 있었는데 이에야스는 이것이 자신의 이름을 잘라 저주를 건 것이라고 비

판했다. 또, '군신풍락君臣豐樂'이라는 문구는 도요토미 가문의 번영을 기원한 것이라고 주장했다. 이 트집으로 이에야스와 도요토미의 관계는 더욱 악화되어 오사카 겨울 전투大坂冬の陣와 여름 전투大坂夏の陣(1614년 겨울과 1615년 여름, 도쿠가와 이에야스는 도요토미가 있는 오사카 성을 공격했다.-옮긴이)로 발전했고, 도요토미 가문은 결국 멸문당하고 말았다.

이에야스는 당시의 사실상 최고 권력자로, 맞대놓고 그를 거스를 사람은 아무도 없었다. 그러나 도요토미 히데요시를 돌봐주는 다이묘大名(넓은 영지를 소유한 무사-옮긴이)가 아직 다수 남아 있는 상황에서 오사카 성을 공격하려면 대의大義가 필요했다. 그래서 "나야말로 피해자"라고 주장한 것이다.

❖ ❖ ❖

이렇게 피해자인 척하는 것으로 싸움을 시작한 예는 역사상 수없이 많다. 애처롭지만, 피해 사실을 구실로 상대를 공격하는 것은 인류의 본성이다.

그리고 그 본성은 우리 한 사람 한 사람의 내면에 잠자고 있다. 국가가 전쟁을 걸 때와 마찬가지로 우리는 직장과 가정 등에서 자신이 피해자임을 강조해 서로 상처를 준다. 이는 거의 숙명 같은 것이기 때문에 눈을 돌려선 안 된다. 자신 안에, 그리고 주변 사람들 안에 있는 피해자 의식을 현명하게 대할 방법은 무엇일까? 그 방법을 아는 것이 중요하다.

Chapter 2

그들은
어느 날 갑자기
온 것이 아니다

왜 사회 전체에 피해자 의식이 강해진 것일까?

피해자인 척해서 타인을 공격하는 것은 인간의 본성으로, 예나 지금이나 다르지 않다. 다만 예전에는 자기 안의 피해자 의식을 통제해 특별한 문제 없이 생활하는 사람이 많았다.

그런데 최근에는 피해자 의식을 억누르기는커녕 비대화시켜 난폭해지고 결국 주위에 피해를 주는 사람이 늘었다. 정신건강을 다루는 현장에서 진찰을 해도, 또 매일 매스컴의 보도를 접해도 피해자 의식이 악화된 사람이 눈에 띈다. 왜 이렇게까지 '피해자인 척하는 사람'이 눈에 띄게 됐을까?

먼저, SNS의 발달로 사람들의 불만이 가시화되기 쉬워졌다는 점을 들 수 있다. 옛날부터 자신이 피해자라고 호소하고 싶은 사람은 있었지만 그 목소리를 많은 사람에게 전달할 수단은 한정되어 있었다. 그러나 지금은 누구나 쉽게 자신의 목소리를 제삼자에게 전달할 수 있다. 즉, 원래 존재했던 피해자인 척하는 사람들이 IT시대가 되면서 겉으로 드러난 것이다.

그러나 최근에 피해자인 척하는 사람들이 눈에 띄게 된 원인은 그게 다가 아니다. 사회 전체에 피해자 의식이 강해져 통제가 되지 않는다는 인상을 받는다. 양적으로 검증하기는 어렵지만, 피해자인 척하는 분위기가 세간에 감돈다고 느끼는 사람은 많을 것이다.

그렇다면 사회 전체에 피해자 의식이 강해진 것은 왜일까? 그 배경에는 다음과 같은 세 가지 원인이 있다.

① 격차가 확대되는 불공평한 사회
② 항의자가 이익을 얻는 사회
③ 자기책임사회

이제 각각의 배경에 대해서 알아보자.

"똑같이 노력했는데
왜 나만 손해를 보는 거지?"

피해자인 척하는 사람이 눈에 띄게 된 원인 중 하나는 '격차의 확대'다. 격차가 심한 사회의 하층에 있는 사람일수록 손해를 본다고 느끼기 쉽다. 이들은 자신이 상류층이나 중산층과 똑같이 노력했는데 외부요인으로 힘든 매일을 살고 있다고 생각한다. 잘못은 자신이 아니라 격차를 만들어낸 불공평한 사회에 있고, 자신은 오히려 피해자라는 논리다.

일본의 경우를 예로 들어보자. '1억 총중류(일본 인구의 대다수가 자신을 중산층으로 여기는 의식을 나타내는 말-옮긴이)'라는 키워드가 상징이었던 1980년대까지 일본은 중산층이 두꺼운 나라였다. 빈부격차도 작았고, 경기상승 덕에 자식들의 세대가 부모세대보다 풍요로운 생활을 했다. 여유로운 생활로 장래에 대해 밝은 전망을 할 수도 있었다. 그래서 하층에 있는 사람도 만족도가 높았다.

그러나 지금은 어떨까? '잃어버린 20년(일본의 거품경제기가 끝난 1990년대부터 약 20년에 걸쳐 경제가 침체한 기간-옮긴이)'으로 생활은 전반적으로 가난해졌다. 거품경제기에는 돈을 물 쓰듯 썼는데 어느 사이에 소고기덮밥 가격이 10엔 싸냐 비싸냐에 일희일비하는 시대가 되었다. 돈을 가진 것은 자신들보다 부모세대다. 이러한 현실에 밝은 전망은 없다.

아베노믹스('아베'와 '이코노믹스'의 합성어로, 일본 아베 신조 총리의 경제회복 정책을 일컫는다.-옮긴이)로 일본 경제가 부활했다는 의견도 있다. 확실히 닛케이 평균 주가가 2만 엔대가 되어 얼굴에 웃음을 띠는 사람도 있을 것이다. 그러나 기뻐하는 것은 주가 상승의 혜택을 볼 수 있는 자산가가 대부분이고, 서민들의 생활이 나아졌다는 실감은 없다. 현재 아베노믹스는 사람들의 삶을 양극화시켰을 뿐이다. 이 책에서 경제정책을 논할 생각은 없지만, 가령 아베노믹스가 최선의 선택이었어도 현시점에서는 중산층의 부활에 이르지 못한 것이 현실이다.

격차가 있어도 유동적이라면 그나마 낫다. 지금은 생활

이 어렵지만 노력하면 벗어날 수 있다고 생각하면 불만도 크게 쌓이지 않는다. 그러나 현실에서 일어나는 것은 '빈부 격차의 고정화'다.

경제학자 토마 피케티 Thomas Piketty 는 《21세기 자본》에서 역사적으로 자본 수익률이 경제 수익률을 앞질렀다고 경고했다. 경제가 성장해서 만들어내는 부縊보다 자본이 만들어내는 부가 크다. 이는 일해서 돈을 버는 것만으로는 자산을 운용해 이익을 얻는 부자를 따라갈 수 없다는 것을 암시한다.

중산층의 몰락으로 서민의 생활은 어려운데 일부 자산가에게는 더 많은 돈이 모여든다. 뒤처진 사람들이 '손해를 본다'고 느끼는 것도 당연하다.

❖ ❖ ❖

일본에서 2016년 유행어 대상 톱10에 든, "보육원 떨어졌다. 일본 죽어라."(2016년에 아이의 보육원 입소가 좌절된 한 30대 여성이 인터넷 게시판에 올려 사회에 파문을 일으킨 글-옮긴이)라는 말 역시 자신만 손해 본다는 감정에서 생겨난 것이다.

보통은 이 여성처럼 아이를 보육원에 맡기고 일해야 하지만, 남편이 돈을 잘 벌어서 전업주부로 육아에 전념하는 사람도 있다. 또, 이 여성과 마찬가지로 아이를 보육원에 맡기고 일하지 않으면 먹고살기 어려운 사람 중에도 아이가 보육원에 입소하게 된 사람과 그렇지 못한 사람이 있다.

즉 아이의 보육원 입소가 좌절된 사람이 모두 같은 어려움을 겪는 것은 아니다. 보육원에 입소하지 못했지만, 근처에 부모가 살거나 이웃이 일시적으로 돌봐줄 경우 공적 부조(국가가 빈곤층에게 최저한도의 생활을 보장하기 위하여 보호하거나 원조하는 일-옮긴이) 외에 어떤 형태로든 도움을 받을 수 있다. 이런 환경에 있는 사람은 아이의 보육원 입소가 좌절되어도 퇴직하지 않고 일할 수 있다. 혹은 시간제로 전직할 수밖에 없어도 일을 계속할 수는 있다. 이들은 아이의 보육원 입소 좌절로 일에 복귀할 수 없는, 게시판에 글을 쓴 여성과는 입장이 다르다.

단순히 아이의 보육원 입소가 좌절된 것만으로 '죽어라'라는 심한 말은 하지 않았을 것이다. 빈부격차가 쌓여서 자신만 손해 본다는 감정에 사로잡혔기 때문에 강한 피해자 감정을 갖게 된 것이다.

○─ 유명인이나 공무원에게
악성 댓글을 다는 이유

　'나만 손해를 본다'는 피해자 의식이 정부를 향한다면 그나마 건전하다. 실제로 문제를 제기한 것이 계기가 되어 개선되는 경우도 적지 않다. 오히려 무서운 것은 피해자 의식이 특정 개인에게 향했을 때다. 개인은 살아 있는 인간이기 때문에 비난으로 마음의 병을 얻기도 한다. 그런데 피해자 의식을 터뜨리는 사람은 자신을 착취하는 측의 상징으로 상대를 기호화한다. 살아 있는 인간으로 간주하지 않기 때문에 상대가 상처를 입든 우울해하든 개의치 않고 비난한다.

　빈부격차로 힘들어하는 사람들의 피해자 의식은 우선 '가진 자'에게 향한다. 지금 자신이 고통스러운 것은 서민을 착취하는 자본가나 경영자 때문이라는 것이다. 하지만 자신이 일하는 회사 사장에게 직접 피해자 의식을 터뜨리는 일은 없다. 개중에는 노동조합운동에 참여해서 정면으로 싸우는 사람도 있지만 대개는 억울해도 참고 넘어간다. 그럼 직접 터뜨리지 못하는 화는 어디로 향할까? 흔히 공격 대상이 되는 것이 바로 연예인 같은 유명인이다.

예를 들어 일본의 연예인 A 씨는 SNS로 많은 여성의 지지를 얻는 한편 SNS상에서 여러 번 악성 댓글 공격을 받았다. 그녀는 탤런트로서는 특별한 실적을 남기지 못했다. 그러나 과거에 결혼하거나 교제한 남성들은 하나같이 VIP급이었다. 사람들은 돈 많은 남자와 결혼해 유명인 생활을 하는 그녀에게 화가 치밀어서 온갖 악담을 퍼부었다.

이렇게 비난하는 글을 올리는 사람들이 그녀로부터 직접 피해를 당한 것은 아니다. 격차가 심한 사회에 대해 분노를 터뜨려야 할 상대는 월급을 올려주지 않는 경영진이다. 하지만 그렇게 할 수 없으니 화려한 생활을 하는 연예인에게 분노의 창끝을 돌리는 것이다. 반면에 연예인은 인기로 먹고살기 때문에 악담을 해도 반론하기 어렵다. 이들은 바로 그런 점을 이용해 연예인을 공격하고 불만을 씻어 버린다.

❖ ❖ ❖

빈부격차로 힘들어하는 사람들의 타깃이 되기 쉬운 상대가 또 있다. 바로 공무원이다.

공무원은 자산가나 경영자처럼 유복하지는 않다. 굳이 말하자면 서민과 다르지 않은 입장이다. 그러나 생활이 안정적이라는 점에서는 선망의 대상이 된다.

세금으로 월급을 받는다는 것도 타깃이 되는 이유다. 유명인과 연예인에 대한 분노는 앞서 말한 '치환'에 의한 것인데, 공무원에 대해서는 '나는 힘들게 돈을 벌어 세금을 내는데 공무원은 그 돈으로 안정된 생활을 한다.'라는 생각 때문에 직접적인 '가해자-피해자' 관계에 있다고 인식하기 쉽다. 그래서 공무원의 실수나 태만에 대해서는 무관용 zero tolerance 으로 비난한다.

물론 공무원은 공권력을 가지고 있기 때문에 부정이나 태만을 저지르지 못하도록 시민이 감시하고 지적할 필요가 있다. 그러나 개중에는 공무원에게 무엇을 원하는지 고개를 갸웃거리게 되는 경우도 있다.

2017년 4월, 한 소방본부에 불만을 호소하는 한 통의 메일이 도착했다. 그날은 많은 소방대원이 참가하는 소방조

법대회(우리의 소방기술경연대회와 비슷하다.-옮긴이) 설명회가 있었는데, 그곳에 참가했다 돌아가는 길에 소방차로 가락국수 가게에 들러서 점심을 먹은 대원이 있었다는 내용이었다.

대원들이 개인적인 용무로 소방차를 탄 것은 아니다. 또, 점심시간이 되면 누구나 점심을 먹는다. 이것이 비난당해야 할 일일까? 가락국수를 먹은 것이 일반 직장인이었다면 아마 트집 잡지 않았을 것이다. "당신 회사의 영업사원이 영업차로 가락국수 가게에 왔다. 나는 당신네 단골인데 앞으로 당신네 상품은 사지 않겠다."라고 불만을 제기해도 아마 상대해주지 않을 것이다. 그런데 상대가 공무원이라면 '세금을 내니까 불만을 제기할 권리가 있다.'라고 생각해서 정도를 벗어난 불만을 터뜨린다.

세금과 관련해서는 복지혜택을 받는 사람들에 대한 공격도 심하다. 생활보호수급자(우리의 기초생활수급자에 해당한다.-옮긴이)에 대한 비난이 그렇다. 이들은 자신은 아이가 커서 아동수당도 지원받지 못하는 등 국가로부터 제대로 복지혜택을 받지 못하는데, 일하지 않는 사람이 돈을 받는다고 생각해 불공평함을 느낀다. 그리고 생활보호수급자의 생활에 불만을 터뜨리는 것이다.

물론 부정수급을 규탄하는 것은 좋다. 그러나 한 달에 한 번 회전초밥집에 간 일로 "사치다." 혹은 "생활보호비를 줄여라." 하고 큰소리를 내는 것은 어떤가? 생활보호비는 수급자가 어떤 메뉴로 식사를 하든 달라지지 않는다. 초밥을 먹은 생활보호수급자는 초밥을 먹기 위해 평소 식비를 절약해서 생활비를 맞췄을 것이다. 그것조차 인정하지 않는 것은 잔인하지 않은가?

이런 과잉반응의 배경에는 역시 격차라는 문제가 있다. 경제적으로 어려운 사람은 '나를 착취하는 것은 누구인가' 하는 눈으로 피해자 의식을 터뜨릴 타깃을 찾는다. 넓은 시야로 보면 생활보호수급자도 격차사회의 피해자지만 국가에서 지급되는 복지라는 한정된 파이를 빼앗는다는 점에서는 가해자다. 말 그대로 약자가 약자를 공격하는 구조인 것이다.

"가만있으면 호구가 될지도 몰라."

　피해자인 척하는 사람이 눈에 띄게 된 두 번째 요인으로는 '항의자가 이득을 보는 사회'가 되었다는 점을 들 수 있다.

　피해자인 척하는 사람은 어떤 이득을 얻는 것을 목적으로 피해를 꾸며내고 과도하게 강조한다. 예전에는 이득을 얻기 위해 피해를 주장해도 간단히 인정되지 않았고 결과적으로 이득을 얻지 못하는 경우가 많았다. 예를 들어, 학부모가 학교에서 "우리 아이의 성적이 나쁜 것은 선생님이 잘못 가르쳤기 때문이다. 담임을 바꿔달라."라는 식으로 불평해도 학교는 상대하지 않았다. 오히려 터무니없는 항의를 했다는 것이 알려지면 다른 학부모들로부터 눈총을 받았을 것이다.

그러나 최근에는 다르다. 학교는 학부모의 항의에 귀를 기울여서 가능한 한 요구를 들어주려고 한다. 학기 중의 담임 교체는 물론, 새 학년이 되었을 때 같은 담임의 반에 배정되지 않게 하는 정도의 배려는 하고 있다. 먼저 말한 자가 이득을 보는 세계다.

이처럼 이득을 얻기 위한 요구가 통하면 항의자는 항의에 재미를 붙이게 된다. 또, 주위 사람도 '항의하는 것이 이득'이라 생각해서 자신도 피해자인 척하려고 한다. 그것이 최근 확대되는 피해자인 척하는 경향으로 이어졌다.

내가 근무하는 병원에도 '몬스터 페이션트'라 해야 할 난처한 환자가 가끔 찾아온다. 우리 병원은 예약제로 운영되는데, 그래야 환자의 대기시간을 줄일 수 있기 때문이다. 하지만 병원은 기계가 아닌 살아 있는 인간을 상대한다. 환자는 공업제품처럼 모두 일률적으로 똑같지 않고 한 사람 한 사람 증상이 다르다. 당연히 증상에 따라 진료시간도 불규칙하다. 앞의 환자를 보는 데 오랜 시간이 걸리면 다음 환자는 대기시간이 길어진다. 그런 경우가 겹치면 실제 진료시간은 예약시간보다 수십 분씩 늦춰지기도 한다.

그런데 그런 지연상황을 견디지 못하는 환자가 있다. 한 환자는 병원의 사무직원에게 덤벼들어 사죄를 요구했다.

꼭 사죄를 받고 싶은 것은 아니었을지도 모른다. 격앙된 언동을 보인 것은 조금이라도 빨리 진찰 순서를 앞당겨주기를 바라서가 아닐까? 그렇다면 이득을 목적으로 한 언동일 가능성이 크다.

❖ ❖ ❖

항의자가 이득을 보는 사회가 된 데 또 다른 이유로 들 수 있는 것은 바로 산업구조의 변화다. 항의자가 타깃으로 삼는 것은 주로 서비스업 종사자다. 물론 "농산물이 썩었다."라거나 "공업제품이 고장 나서 다쳤다."라는 식의 항의도 많다. 그러나 물건에 대한 항의는 조작하기 어렵다. 피해자인 척하려면 사람을 상대로 하는 것이 간단하기 때문에 서비스업 종사자는 절호의 타깃이 된다.

일본의 경우, 전체 산업에서 서비스업 종사자가 차지하는 비율은 제2차 세계대전 후 꾸준히 증가하였다. 국세조사国勢調査(인구 상황을 전체적으로 파악하기 위한 조사-옮긴이)에 의하면 3차 산업 종사자의 비율은 '세계 제일 일본Japan as Number One'이라는 말을 들을 만큼 일본의 제조업이 최고의 전성기를 누렸던 1980년에도 55퍼센트로 높았다. 이 비율은 거품경제기의 종말기인 1990년에는 59퍼센트로 증가한다. 2010년 조사에서는 70퍼센트가 넘는다. 지금 일하는 사람들의 약 70퍼센트는 서비스업으로 먹고사는 것이다.

이렇게 산업구조가 변화한 결과 서비스업 현장에서 손님의 난처한 행동으로 고충을 겪는 일이 눈에 띄게 되었다. 일본 최대의 산업별 노동조합 UA젠센UAセンセン이 실시한 〈악질 클레임 대책 설문조사 결과悪質クレーム対策アンケート調査結果〉(2017년)에 의하면, 업무 중 내점객으로부터 폭언과 폭력 등의 악질 항의를 받은 적이 있는 서비스업 종사자는 약 74퍼센트에 달했다. 이렇게 악질 항의를 받은 이들 가운데 90퍼센트는 스트레스를 느꼈고 1퍼센트는 정신질환에 걸렸다고 한다. 항의자에 의한 피해가 실제로 일어나는 것이다.

앞으로도 서비스업 종사자의 비율은 증가할 것이다. 로봇과 AI 시대가 되어 제조 분야는 더욱 빠르게 기계로 대체될 수 있지만, 접객 같은 섬세한 대면 기술이 필요한 일은 인간이 훨씬 더 능숙하고 비용도 낮다. 항의자가 타깃으로 삼을 사람은 앞으로도 부족하지 않을 것이다.

피해자인 척하는
사람들의 강력한 무기, SNS

항의자가 증가한 또 다른 이유로 SNS의 발달을 빼놓을 수 없다.

2014년 말 일본에서는 컵라면에서 바퀴벌레가 발견된 일이 있었다. 그로 인해 컵라면 제조사는 본사 공장에서 출하된 전 상품을 회수했고, 조사가 종료될 때까지 약 반년 동안은 제조를 중단하게 되었다.

사실 SNS가 등장하기 전에는 이물질이 들어 있어도 피해자와 제조사가 직접 대화를 해서 일이 커지기 전에 대응해 이야기를 마무리하는 경우가 대부분이었다. 그러나 이 사건에서는 피해자가 바퀴벌레가 들어 있는 영상을 바로 SNS에 공개하면서 순식간에 제조사에 대한 악성 댓글이 폭발하기 시작했다. 그래서 조용히 수습하기가 어려워졌고 결국 공장의 조업 정지라는, 경영을 위협하는 사태로 발전했다.

물론 이 사건의 경우 항의자가 있지도 않은 피해를 고발한 것은 아니다. 실제로 제조사가 자발적으로 조업 중지를 단행한 것을 보면 알 수 있듯이 회사가 잘못한 일이니 자업자득이라고 할 수 있다.

그런데 이 사건 이후 SNS에 자작으로 이물질 주입 영상을 올리는 사례가 이어지고 있다. 사람들이 놀라는 반응을 즐기기 위해 이러한 범죄를 일으키는 이들은 과자에 이쑤시개를 꽂거나 편의점 주먹밥에 벌레를 집어넣는다. 인터넷 고발의 위력이 알려지면서 악용하는 사람이 늘어난 것이다.

이는 기업에게 큰 위협이다. 인터넷상의 악평은 빠르게 확산될 뿐만 아니라 쉽게 지울 수 없다. 예를 들어 음식점 평가 사이트 게시판에 "접객 태도가 형편없다." 혹은 "화장실이 더럽다."라는 글이 올라오면 음식점은 큰 타격을 받는다. 그 위험을 생각하면 가게는 손님의 기분을 우선할 수밖에 없어진다. 그 결과 항의자는 더욱 악질적인 요구를 하게 된다.

SNS는 사회에 긍정적인 면이 있다. 그러나 그것도 어

떻게 사용하느냐에 달렸다. 피해자인 척하고 싶은 항의자
에게 SNS는 기업을 위협하기 위한 절호의 무기가 될 수
있다.

잘되면 내 탓,
못되면 네 탓

    피해자인 척하는 사람이 눈에 띄게 된 세 번째 요인은 바로 '자기책임사회'다.

    일본은 고이즈미 준이치로 <small>小泉純一郎</small> (일본의 87, 88, 89대 내각 총리로, 2001년 4월부터 2006년 9월까지 재임-옮긴이) 내각 이후 신자유주의적 자기책임론이 위세를 떨치게 되었다. 정부가 자기책임론을 강조한 것은 국가 재정이 악화되어 국가가 국민을 보살피기 어려워졌기 때문이다. 그 배경에는 고령화의 영향으로 사회보장비가 매해 증가한다는 사정도 있었다. 정부는 사회보장비의 증가를 억제하기 위해서 '스스로 자신을 돌봐야 하는' 정책을 내세운 것이다.

    기업도 이 흐름에 편승해 잇달아 성과주의가 도입되었다. 성과주의는 성과를 낸 사람은 후하게 대접하는 반면 성과를 내지 못한 사람은 가차 없이 쳐낸다. 종신고용과 연공서열로 누구나 정년까지 안정된 수입을 얻었던 시대와 달리 돈벌이를 할 수 있을지가 본인에게 달리게 된 것이다.

자기책임이란 본인이 결과를 받아들이는 것이다. 이를 글자 뜻대로 해석하면, 자기책임론이 강해진 탓에 피해자인 척하는 사람이 눈에 띄기 시작했다는 주장에 모순을 느끼는 사람이 있을지도 모른다. 그러나 피해자인 척하는 사람이 눈에 띄기 시작한 것은 사실 '자기책임론의 반작용'의 결과다.

자기책임사회에서는 취직이나 결혼을 못 하는 것도, 월급이 오르지 않는 것도 전부 자신의 탓이다. 자신의 능력이나 노력을 부정당하는 것은 참기 어렵다. 그래서 자기방어를 하고자 "일이 잘되지 않은 것은 내 탓이 아니다."라고 부인한다. 그리고 "잘못은 사람들에게 있다. 나는 피해자다."라고 말하며 책임을 전가한다.

자기책임론이 강하지 않으면 자신의 실패에 대해 질책당하지 않으니 그 실패를 누군가의 잘못으로 돌릴 필요도 없다. 그러나 주위에서 자기책임을 강요하기 때문에 그 반작용으로 피해자인 척하게 되는 것이다.

자기책임사회가 고통스럽다면 힘을 모아서 보완하는 사

회로 나가야 한다. 실제로 그런 움직임이 없는 것은 아니다. 최근에는 사회적 약자를 돕는 사회적 기업도 늘고 있다. 그러나 대세는 달라지지 않는 것으로 보인다. 자기책임론 자체를 부정하면 일이 잘되었을 때 그 성과를 자신의 공로로 할 수 없기 때문이다. 그래서 자기책임론은 그대로 두고, 일이 잘못되었을 때만 다른 누군가나 환경 탓으로 돌려 자신을 지키려고 한다. 상당히 이기적인 생각이지만 그렇게 해서 자기방어를 하고 마음의 평온을 유지하려는 사람이 많은 것이 현실이다.

키워드는 '자기애'다.
똑같은 상황에서도 피해자인 척하는 사람과
그렇지 않은 사람이 있는 것은
이 자기애의 정도에 개인차가 있기 때문이다.
자기애가 강할수록 피해자 의식을 키우기 쉬워서
주위에 혼란을 초래한다.

2부

왜 그렇게까지
억울한 척을 하는 걸까?

: 피해자인 척하는 사람들의 심리 분석

Chapter 3

'피해자 코스프레'를 하면
얻을 수 있는 것

피해자인 척하는 사람에게는 목적이 있다

    피해자인 척하는 사람의 경향과 그런 이들을 위한 대책을 생각하기 위해서 먼저 '피해자인 척하는 사람'의 정의를 명확히 해두자. 내가 생각하는 기준은 두 가지다.

    첫째, '피해를 인지하는 방식에 있어서 본인과 주변인 간에 차이가 있다'는 것이다. 주변인들은 객관적으로 '저 사람은 피해자가 아니다'라고 인식하는데, 본인은 주관적으로 '나는 피해자'라고 주장한다.

    본인과 주변인 간의 인식 차이에는 몇 가지 유형이 있다. 먼저, 사실 자체의 인식이 다른 경우다. 어떤 여성은 "남편에게 맞아서 이마에 혹이 생겼어요."라며 가정폭력 피해를 호소했는데 그 후 같은 아파트에 사는 주민이 "그 사람이 스스로 이마를 콘크리트 벽에 여러 번 부딪치는 것을 봤어요."라고 증언했다. 때로 이렇게 있지도 않은 사실을 조작해 피해자인 척하는 경우도 있다.

반면에 피해 사실은 있지만 그 정도를 둘러싸고 인식이 다른 경우도 있다. 예를 들어, 상사가 실수한 부하에게 주의를 준 상황을 생각해보자. 주의를 준 사실은 누구나 인정한다. 그 방법도 주변 사람들이 보았을 때 타당한 것으로 특별히 문제가 되지 않았다. 그런데 부하 한 사람만 유독 상처를 받았다면서 상사의 갑질이라는 식으로 소동을 일으켰다. 이렇게 사실에 대해서는 인정하지만 그 정도를 어떻게 받아들이느냐에 대해서는 인식에 차이가 생기기도 한다.

두 가지 유형의 공통점은 본인과 주변의 인식에 차이가 있다는 것이다. 그 차이가 클수록 피해자 의식도 강하다고 할 수 있다.

❖ ❖ ❖

피해자인 척하는 사람인지 아닌지 구분하는 기준은 또 하나 있다. 바로 '**피해자가 되려는 목적이 있는지**'의 여부다.

단순히 본인과 주위의 인식이 다른 거라면 악의가 없는

착각이다. 그 경우에는 말이 통한다. "당신은 자신이 피해를 당했다고 생각하는데 세상의 눈으로 보면 그 정도는 보통이다."라고 설명하면 주변 사람들과의 인식의 차이가 메워진다. 그래서 자신의 피해를 특별히 주장하지 않을 것이다.

반면에 피해자인 척하는 사람에게는 논리가 통하지 않는다. 머리로는 자신이 다른 사람들과 차이가 있다는 것을 이해해도 피해자인 척하는 목적이 있기 때문에 완고하게 그것을 인정하려 하지 않는다.

예를 들어, 상사한테 주의를 듣고 '상사의 갑질'이라며 소동을 일으킨 부하는 피해자인 척하는 것으로 상사를 나쁜 사람으로 꾸며냈다. 상사의 무도한 행동에 사람들이 주목하면 상대적으로 자신의 실수는 희미해진다. 보신保身이라는 목적을 위해서 피해자를 연기한 것이다.

그러나 실제로는 이렇게 논리적으로 생각해서 피해자인 척하는 사람만 있지는 않다. 그들이 꼭 자신의 목적을 자각한다고는 할 수 없다. 인간에게는 자신의 마음을 지키기 위해 작동하는 '방어기제'가 갖춰져 있다. 피해자인 척하는 사람 중에는 논리적으로 생각하는 것이 아니라 직감적 혹은 본능적으로 피해자 가면을 쓰는 사람도 있다. 직감이든 본능이든 목적이 있는 것에는 변함이 없지만 머리로 생각해서 피해자 흉내를 낸 것은 아니기 때문에 본인은 그 목적을 자각하지 못한다.

또, 처음에는 본인도 목적을 어느 정도 자각했지만, 피해자를 연기하는 중에 자기암시에 걸려 진심으로 자신이 피해자라고 믿고 피해자 의식을 격화시키는 경우도 있다. 그렇게 되면 '피해망상'에 가까워진다. 여기까지 가면 처음의 목적은 사라지고 더 이상 본인도 자신이 무엇을 위해 피해를 주장하는지 알 수 없게 된다. 그래도 처음에 목적이 있었다는 것에는 변함이 없다.

그럼 피해자인 척하는 사람은 무엇 때문에 피해자 가면을 쓰는 걸까? 피해자인 척하는 목적은 크게 세 가지로 나눌 수 있다.

① 이득을 얻고 싶은 '메리트(merit)형'
② 주목을 받고 싶은 '스포트라이트(spotlight)형'
③ 복수를 하고 싶은 '리벤지(revenge)형'

이제 이 세 가지 목적의 특징을 하나씩 살펴보자.

자기 이익을 위해서라면 무엇이든 한다

    세 가지 유형 가운데 가장 알기 쉬운 것이 바로 '**메리트형**'이다. 이들은 어떤 이득을 얻기 위해서 피해를 날조하거나 강조하는데, 기업을 타깃으로 한 악성 소비자가 전형적인 예다. 상품이나 서비스에 불만을 제기해 요금을 깎거나 특전을 받아내는 사람들이 이 유형에 속한다.

    메리트형인 사람이 노리는 것은 직접적인 금전만이 아니다. 정신과에는 '질병 이득'을 노려 내원하는 환자도 있다. 질병 이득이란 질병에 걸림으로써 얻을 수 있는 경제적 이익을 비롯한 여러 가지 이점이다.

    예를 들어 우울증으로 진단받으면 회사를 쉴 수 있고, 회사에서 월급을 받지 못해도 보험자에게 상병수당금傷病手當金(공적의료보험의 피보험자가 질병이나 부상으로 일을 할 수 없을 경우에 요양 중의 생활을 위해 전국건강보험협회 등의 보험자로부터 받는 수당-옮긴이)을 받을 수 있다.

또, 외상 후 스트레스 장애PTSD로 진단받으면 원인이 된 인물이나 회사를 상대로 손해배상을 청구할 수도 있다. 경우에 따라 다르지만, 일반적으로 일본에서 손해배상금은 상병수당보다 액수가 크다.

물론 혼자서 "외상 후 스트레스 장애에 걸렸어요. 상사 때문이에요."라고 주장한다고 해서 건강보험조합이나 재판소가 인정해주는 건 아니다. 우울증과 외상 후 스트레스 장애로 인정받으려면 의사의 진단이 필요하다.

그런데 실제로는 아프지 않은데 아프다고 속이는 환자임을 알면서도 환자 말대로 진단서를 써버리는 의사가 있다. 이것은 의사로서 해서는 안 되는 행위이지만 동정해야 할 부분도 있다. 정직하게 "꾀병이군요."라고 말하면 인터넷 게시판에 "그 선생은 돌팔이다." 혹은 "오진으로 증상이 악화되었다."라는 글을 올려버리는 환자가 있기 때문이다. 중상모략이어도 개업의로서는 그런 소문이 나는 것 자체가 타격이 된다.

다행히 나는 월급을 받는 의사라서 병원의 경영 문제를 필요 이상으로 생각하지 않고 현장 일에만 집중할 수 있다. 그래서 질병 이득을 노리는 꾀병이란 것을 알면 진단서 작성을 거부하고 그 이유를 설명한다.

한번은 명백히 꾀병인 환자로부터 "뭐든 좋으니까 병이라는 진단서를 써주세요."라는 부탁을 받고 '인위성 장애 factitious disorder (꾀병)'라는 진단서를 써준 적도 있다. 인위성 장애인 사람은 자신이 병을 앓고 있다는 사실까지 주위에 알리는데, 자주 증상을 날조한다. 즉, 병에 걸린 척하는 것이다. 스스로 병을 만들어내는 인위성 장애는 예전에는 '뮌하우젠 증후군munchausen syndrome'으로 불렸다.

인위성 장애로는 휴직 이유가 되지 않고, 당연히 상병수당도 받을 수 없다. 짓궂었나 싶었지만 괘씸한 환자에게는 다른 의미로 좋은 약이 되었을 것이다.

내가 실제 느낀 바로는 정신과를 찾는 환자의 약 10퍼센트는 꾀병이 의심된다. "정신질환은 눈에 보이지 않으니까 먼저 말하는 게 상책이다. 잔소리 말고 진단서를 써라." 하는 태도로 위협하는 환자도 적지 않다. 안타깝지만 그것이 실태다.

직접적이든 간접적이든 경제적 이득은 피해자인 척하는 충분한 이유다. 정신과 현장에 있으면 좋든 싫든 그것을 실감할 수 있다.

＊ ＊ ＊

메리트형이 노리는 것은 경제적 이득만이 아니다. 직장에서는 자기보신自己保身이라는 이득을 자주 볼 수 있다. 조직에서 살아남는 데에는 부정적인 평가를 받지 않는 것도 충분한 이득이 된다. 때문에 메리트형은 실패를 다른 사람에게 전가하는 방식으로 책임을 회피한다.

전형적인 예가 도시바東芝 (일본의 전기 · 전자기기 제조사-옮긴이)의 부적절한 회계 처리일 것이다. 일본을 대표하는 기업이었던 도시바는 니시다 아쓰토시西田厚聰 사장 시절에 컴퓨터 부문에서 부적절한 회계 처리를 시작했다. 니시다가 회장이 되자 후계 지명을 받은 사사키 노리오佐々木則夫 사장도 이익에 집착해 부적절한 회계 처리 범위를 확대했다. 한마디로 두 사람은 공범 관계인데, 차츰 관계가 악화되었고 둘 사이의 불화는 업계 전체가 알게 되었다.

보도에 의하면 이런 사실을 증권거래감시위원회원회에 내부 고발한 것은 당시 상담역이었던 니시다의 입김이 미친 임원들이라고 한다. 목적은 당시 부회장이었던 사사키를 실각시키는 것이었다. 이 공격은 멋지게 성공했지만 사사키 부회장 측이 차례로 정보를 누설하면서 니시다도 경영

책임을 추궁당했다.

서로를 향한 양 진영의 공격은 자기보신을 목적으로 일어났다. 자신의 책임을 회피하기 위해 서로 상대의 잘못을 따지고 자신은 거기에 말려든 희생자라고 주장한 것이다. 세간을 뒤흔든 두 경영자는 피해자인 척하는 사람 중에서도 메리트형이었다고 할 수 있다.

이 사례 외에도 규모는 다르지만 보신이라는 이득을 목적으로 피해자인 척하는 경우는 많은 직장에서 볼 수 있다. 예를 들어, 사실은 부하로부터 보고를 받았는데 "듣지 못했다."라고 주장해 자신의 판단 실수를 감추는 상사가 있다. 반대로 어떤 부하직원은 상사로부터 정확히 지시를 받았는데도 "나는 비주류파라 무시당했습니다. 아무 말도 듣지 못했어요."라고 주장한다. 또, 영업팀은 "공장이 좋은 물건을 만들지 못해서 팔리지 않는다."라고 말하고 제조팀은 "영업이 터무니없는 납기일로 주문을 받아 좋은 물건을 만들 수 없다."라고 말하며 서로 으르렁대는 회사도 적지 않다.

가정에서 서로 자신의 피해를 호소하는 부부도 보신을 목적으로 한 메리트형일 것이다. 이들은 "당신이 가정을 돌보지 않아서 바람을 피운 거야."라고 하거나 "섹스리스가 된 것은 당신이 노력을 게을리했기 때문이야."라고 하는 등 상대를 질책함으로써 자신의 잘못으로부터 눈을 돌리려 한다.

　직장이든 가정이든 자기보신을 목적으로 피해자인 척하는 사람은 많다. 금전을 적극적으로 얻기 위해 피해자로 가장하는 사람보다는 나을지 모르지만, 이득이 목적이란 점에서는 별 차이가 없다. 말려들지 않도록 경계가 필요하다.

비극의 주인공이 되면 주목받을 수 있으니까

　피해자인 척하는 두 번째 목적은 주목받고 싶다는 자기현시욕을 충족하는 것으로, 이 욕구가 남들보다 강한 유형이 '스포트라이트형'이다.

　스포트라이트형은 한마디로 튀고 싶은 사람이다. 사람들의 시선을 한 몸에 받는 것으로 자존심을 채운다. 누구나 주위 사람들로부터 인정받고 싶은 승인욕구를 갖고 있지만, 스포트라이트형은 단순히 인정받는 것을 넘어 주인공으로 주목받는 것에 사는 보람과 기쁨을 강하게 느낀다.

　눈에 띄기 위한 정공법은 남보다 뛰어난 능력으로 뛰어난 실적을 남기는 것이다. 그러나 남보다 뛰어난 능력을 가진 사람은 드물다. 눈에 띄고 싶어도 대개는 능력이 부족해 주목을 받을 수 없다.

그러나 능력이 부족해도 손쉽게 눈에 띄는 방법이 있다. 바로 피해자가 되는 것이다. 자신을 비극의 주인공으로 포장하면 많은 사람이 동정하고 돌아봐준다. 이런 비극의 '주인공'이 되려면 피해를 당했다고 주장하면 된다. 그 스토리만 조작하면 능력과 관계없이 누구나 주목받을 수 있다.

떠올리기 쉬운 것은 STAP세포(만능세포) 논문 조작 문제로 일약 과학계의 스타로 부상한 오보카타 하루코小保方晴子일 것이다. 조작 의혹을 추궁당했을 때의 기자회견에서 조금 수척해진 그는 "STAP세포는 있다!"라고 반론했다. 눈물을 글썽이며 호소하는 모습은 마치 없는 죄를 뒤집어쓴 비극의 주인공 같았다. 인터넷상의 반응은 대체적으로 차가웠는데, 개중에는 "불쌍하다." 혹은 "추궁하지 마라."라는 의견도 있었다. 극히 일부에게는 피해자인 척하는 작전이 성공한 것 같다.

과격한 발언을 반복해 물의를 일으키는 '노이즈 마케팅' 유형의 사람도 스포트라이트형일 것이다. 예를 들어, 전 중의원衆議院 의원인 우에니시 사유리上西小百合는 트위터에서 자주 과격한 발언을 해 적을 만들고 있다. 보통 먼저 누군가를 헐뜯고 공격하는 것은 우에니시라서 아무도 그가 피해자라고는 생각하지 않을 것이다. 그러나 TV 프로그램에서의 발언을 들으면 그에게는 자신이 가해자라는 자각이 없는 것 같다. 그는 오히려 자신이 피해자라고 주장한다.

"내 트위터를 보고 화가 나는 사람이 있을지 모르지만, 특별히 다친 사람은 없어요. 오히려 가장 피해를 보는 것은 저예요. 이유도 모른 채 악성 댓글이 쇄도하니까요."(니혼 TV 〈다운타운 DX〉 2017년 11월 2일 방송)

그의 노이즈 마케팅은 확실히 원성을 듣는 것이 목적이다. 그는 이 발언이 시청자의 반감을 불러 더욱 화제가 되는 것도 계산에 넣었을 것이다. 한마디로 주목을 모으기 위해 피해자의 가면을 쓴 것이다.

오보카타와 우에니시처럼 비극의 주인공을 연기함으로써 주위의 시선을 끌려는 사람에게는 '연극성 인격장애 histrionic personality disorder'가 의심된다. 연극성 인격장애인 사람은 과격한 언동을 하거나 매사 과장하기 때문에 주변 사람은 여러모로 휘둘린다. 그렇다고 무시하는 것도 쉽지 않다. 주위의 주목을 받지 못하면 자살미수 등 과격한 언동으로 주위를 휘두르려 하기 때문이다. 정말 대처하기 어려운 상대다.

복수를 위해
난 자폭도 할 수 있어

피해자인 척하는 세 번째 목적은 복수다. 복수하고자 하는 마음이 남보다 강한 유형이 **'리벤지형'**이다. 리벤지형은 실제로 피해를 당한 경우뿐 아니라 피해를 당하지 않은 경우에도 자신이 피해자라고 믿는다. 그리고 그 분노를 가해자나 관계없는 제삼자에게 터뜨리고 공격하기 위해서 사실은 당하지도 않은 피해를 날조하거나 당한 피해를 과하게 주장한다.

진흙탕 이혼극을 연기한 배우 B씨가 여기에 해당한다. 이혼 소동 당시 그녀는 마찬가지로 배우인 남편의 험담을 유튜브에 흘렸다. "당뇨병에 발기부전이며 비아그라를 복용하고 불륜을 저질렀다."라고 폭로한 것이다. 거슬러 올라가 2년 전에는 그가 사망한 지 얼마 안 된 모 여배우와 과거에 교제했다는 사실도 폭로했다. 일설에 의하면 그 폭로가 부부관계를 악화시켰다고 한다. B 씨는 회견에서 과거의 교제를 폭로한 것을 남편에게 사과했지만 남편은 용서할 수 없다는 듯 결국 이혼조정을 신청했다.

B 씨는 남편이 먼저 이혼을 언급한 데 화가 나 앞서 말한 과격한 폭로를 시작한 듯하다. 보도에 의하면 남편이 바람을 피웠다는 사실은 확인할 수 없어서 B 씨의 날조나 선입관일 가능성도 있다고 한다. 문제는 왜 B 씨가 그런 폭로를 했느냐다.

폭로의 목적이 부부관계의 회복에 있는 것은 아니다. 부부로서 다시 시작하기 위해 남편의 바람을 주장하는 것은 아무리 생각해도 좋은 해결책이 아니다. 그녀의 목적은 남편의 이미지에 타격을 주는 것이었다. 광고주가 남편의 기용을 주저할 만큼 이미지를 추락시키려 한 것이 아닐까?

객관적으로 보면 남편을 궁지로 내몰아서 본인에게도 이득은 없을 것 같지만, 화가 나기 때문에 아무튼 복수할 수밖에 없다. 그렇게 하기 위해 스스로 피해자가 되어도 상관없다는 것이 리벤지형의 사고 방식이다.

B 씨의 경우는 원래 피해자인 척하는 성격인 데다가 '퇴행기 편집증involutional paranoid state'까지 겹쳤을 가능성도 있다.

B 씨는 블로그에서 다음과 같이 발언한다.

"고백해요. 사실은 벌써…… 1년 5개월 동안 미행당하고 있어요. 그래서 밤에는 불도 켜지 않고 지내요. 캄캄한 어둠 속에 있어요."

"항상 전력으로 뛸 수 있는 운동화를 신어요."

"늘 뒤를 돌아보고, 운전할 때는 백미러를 확인해요."

이런 발언들로 미루어 볼 때 단순히 선입관의 차원을 넘어 '망상' 단계에 이르렀을 가능성이 크다. 망상이라고 판단하기 위해서는 다음의 세 가지 조건이 갖춰져야 한다.

① 현실과 동떨어진 내용이어도
② 본인이 진실이라 확신하고
③ 주위 사람이 정정하는 것은 불가능하다

그녀의 블로그 내용은 이 세 가지 조건을 충족시킨다. 동영상에 등장한 본인의 표정과 눈빛도 의사 시점에서 보았을 때 망상적 확신에 차 있다. 피해망상의 일종인 '추적 망상'의 가능성을 생각할 수 있다.

특히 40~60세의 여성이 피해망상을 앓을 경우, 그 원인 질환으로 많이 볼 수 있는 것이 '퇴행기 편집증'이다. 퇴행기 편집증은 여성에게 압도적으로 많은데, 불안과 흥분 상태가 뒤섞인 불안정한 정신 상태가 되는 것이 대표적인 증상이다. 처음에는 뭐든 나쁘게 추측하고, 작은 의심과 불신감을 품는 것으로 시작한다. 그리고 차츰 오해나 착각이 빈번해지며 결국 일관된 내용을 지닌 망상으로 발전한다. '환청' 증상도 자주 나타난다. B씨는 블로그에 "4월 22일 이른 아침, 내 귓가에서 메시지가 들렸다."라고 썼는데 환청일 가능성도 부정할 수 없다.

퇴행기 편집증이 되기 쉬운 사람은 보통 지극히 활동적이고 자아의식이 강하며 자기중심적인 성격이거나 민감하고 시의적인 성격의 소유자로, 남성적인 여성인 경우가 많다. 지금까지의 보도를 통해 추측해보자면 B씨는 양쪽의 성향을 겸비하고 있는 것 같다. 가정부의 실수에 화를 내며 거칠게 소리를 질러대는 통에 가정부가 차례로 그만뒀다고 하는 보도를 보면 그가 과격한 성격의 소유자라는 인상도 받는다.

피해자인 척하는 성격은 쉽게 바꿀 수 없지만 퇴행기 편집증은 적절한 치료를 하면 충분히 치료될 가능성이 있다. 그런데 B씨는 블로그에 "나는 아픈 게 아니다."라고 썼다. 자신이 아프다는 자각, 즉 '병식病識'이 없는 것으로, 병식이 없는 사람은 치료에 들어가기가 매우 어렵다. 이혼이 성립한 지금 부부 사이의 갈등은 사라졌겠지만, 퇴행기 편집증 상태가 계속된다면 조금 걱정이다.

그들은 왜 분노의 싸움을 멈추지 못할까?

리벤지형은 자신의 이득을 무시한다는 점 때문에 무서운 유형이다. 자신에게 이득이 되지 않아도 복수를 하고 싶다는 정도라면 그나마 다행이다. 리벤지형은 때로 자신에게 불이익이 있어도 개의치 않고 상대를 공격한다. 한마디로, 자폭 공격도 마다하지 않는다.

앞서 나왔던 배우 B씨도 그럴 것이다. 연예인은 이미지가 중요하다. 그 소동 후 그녀는 눈에 띄는 활동을 하지 않는다. 이미 가정용품을 제작해 판매하여 쌓은 재산으로 생활에 어려움은 없을지 모르지만(연예활동 외에 청소·수납 관련한 독자적인 방법을 책으로 냈고, 청소 개발 및 세제를 제작해 판매하고 있다.-옮긴이), 소동이 활동에 부정적인 영향을 준 것은 확실해 보인다.

이전에 내가 근무했던 대학에서도 자폭 공격형 복수를 한 인물이 있었다. 한 학과에서 교직원을 한 명 채용하기로 했다. 학과장과 한 교직원은 복지 일을 담당하는 사람을 채용하고 싶다고 주장했지만 다른 교직원은 심리 쪽 사람을 채용해야 한다고 주장했다. 그러나 다수결로 학과장 파가 이겨 복지 일을 담당하는 직원이 채용되었다.

그리고 얼마 지나지 않아 학교를 뒤흔드는 사건이 일어났다. 복지 담당 직원의 채용을 원했던 교직원과 학과장이 불륜 관계라는 괴문서가 뿌려진 것이다.

학과장은 "사실무근이다. 명예훼손으로 고소하겠다."라며 격노했다. 즉시 은밀하게 범인 색출이 시작되었다. 여러 상황상 심리 담당 채용을 강하게 주장했던 교직원이 범인으로 의심받았다. 진위는 알 수 없다. 그러나 그 직원은 학장에게 불려갔고, 얼마 후 다른 대학으로 자리를 옮겼다. 소동을 공개하고 싶지 않지만 그렇다고 방치할 수도 없는 대학의 사정 때문에 이런 결과로 마무리되었다는 소문이 학교에 퍼졌다.

사람들 앞에서 체면이 깎인 데 대한 복수로 괴문서를 뿌리는 것은 너무 유치한 방법이다. 직원이 복수를 하더라도 상황상 자신이 가장 먼저 의심받을 게 뻔하니 다른 방법이 있었을 것이다.

그러나 거기까지 신경 쓰지 못할 만큼 화가 나거나, 머리로는 이해해도 '모두 함께 죽자.'라는 생각으로 자폭하는 것이 리벤지형의 특징이다. 이렇게 득실을 생각하지 않는 상대에게는 합리적인 설득을 시도해도 통하지 않는다. 그래서 타깃이 되면 가장 골치 아픈 것이 바로 리벤지형이다.

❖ ❖ ❖

리벤지형은 왜 자신에게 불이익이 있다는 것을 알아도 복수를 멈추지 못할까? 바로 득실이 아닌 정의냐 불의냐를 행동 기준의 하나로 삼기 때문이다.

고대 로마의 철학자 세네카Lucius Annaeus Seneca가 쓴 《화에 대하여》를 보면 화란 '부당한 일에 대해 복수하고자 하는 욕망'으로, '자신에게 공정하지 못한 대우를 한 상대를 벌하려는 욕망'이라고 나와 있다. 즉 '나는 부당함의 피해자'라는 인식이 화를 낳고, 화가 복수하고자 하는 마음을 부추겨 자아를 상실시킨다.

물론 객관적으로 봤을 때 피해자인 척하는 사람이 정말

불의의 피해자인지는 다른 이야기다. 앞서 소개한 예로 말하면 괴문서를 뿌렸다고 의심받은 직원과 고발당한 직원, 어느 쪽에 정의가 있었는지 나는 모른다. 무엇이 정의이고, 무엇이 불의인지는 그 사람이 처한 입장에 따라서도 다르기 때문이다.

다만 괴문서를 뿌린 직원은 적어도 자신이 정의롭다고 믿은 것이 분명하다. 그렇지 않으면 일자리를 잃을 위험을 감수하면서까지 고발하지는 않았을 것이다. 득실이 아닌 정의나 불의를 판단 기준으로 하는 것은 언뜻 멋지게 보일 수 있다. 그러나 정의에는 위험이 따른다는 것을 잊으면 안 된다.

영국의 철학자 존 스튜어트 밀 John Stuart Mill 은《공리주의》에서 정의를 다음과 같이 설명한다.

"정의라는 감정에는 두 가지 본질적인 요소가 있다. 해를 끼친 사람을 벌주고 싶은 욕망, 그리고 해를 입은 사람이 한 사람이든 몇 사람이든 분명히 있다는 인식이나 믿음이다."

정의의 감정은 '처벌 욕구'와 '피해자가 있다는 확신'으로 성립된다는 설명이다. 이 두 가지 요소는 밀접하게 연결되어 있다. 피해자가 있다는 확신이 강할수록 처벌 욕구도 강해진다. 즉, 피해자 의식이 강할수록 '정의'라는 이름하에 과도한 복수를 하게 된다.

○─ 제삼자에게
복수하는 사람들의 심리

    사실 리벤지형은 또 하나 대처하기 어려운 점이 있다. 이들은 자신에게 해를 가한 상대에게 직접 복수할 수 없으면 대신 다른 사람을 타깃으로 삼는다. 이것은 1장에서 설명한 '치환'이라는 작용에 의한 것이다.

    나는 한 금융기관에서 정기적으로 직원의 정신건강 상담을 하고 있다. 어느 날, 비정규직으로 일하는 직원 C씨가 몹시 난처한 얼굴로 찾아왔다. C씨의 동료 가운데 같은 비정규직으로 일하다가 최근 다른 회사로 이직한 D씨라는 직원이 있었다. C씨의 고민은 D씨가 퇴직 직전에 털어놓은 회사와 동료에 대한 험담이었다.

    "상사의 지시로 따끔한 맛을 봤다거나 이 회사는 뒤에서 이런 짓을 한다면서 회사와 동료의 험담을 끊임없이 말했어요. 처음에는 맞장구를 쳤는데, 회사와 동료의 안 좋은 점을 계속 듣다 보니 내가 이대로 여기서 일해도 될까 불안해졌어요."

나는 C씨의 고백을 듣고 놀랐다. 그도 그럴 것이 D씨가 퇴직 전에 나를 찾아왔던 일이 생각났기 때문이다. 그때는 일에 대한 불만을 털어놓지 않았고 직장에서의 인간관계도 양호하다고 대답했다. 내가 아는 명랑한 D씨와 C씨가 말하는 부정적인 D씨는 완전히 인상이 다르다.

C씨의 이야기가 사실이라면 D씨는 재직 중에 많은 스트레스와 불안을 느꼈을 것이다. 하지만 비정규직이라는 불안한 상황에서는 목소리를 낼 수 없었다. 나는 비밀을 지켜야 할 의무가 있기 때문에 상담 내용을 회사에 말하지 않지만 D씨가 보기에는 나도 회사 측의 일원이었을 테고 그래서 내게도 상담하고 싶지 않았을 것이다.

퇴직을 결정하면서 D씨는 정신적으로 해방되어 마침내 분노를 표현할 수 있었다. 그러나 그 대상은 적절하지 않았다. 이전의 직장을 상대로 복수해야 하는데, D씨에게 딱히 피해를 준 적이 없는 동료 C씨에게 감정을 토해냈기 때문이다.

일본에서는 남겨진 자의 부담이 되지 않도록 깔끔하게

신변정리를 하고 아름답게 떠나는 것을 '떠나가는 새는 머물러 있던 곳을 더럽히지 않는다.'라고 표현하는데, D씨의 경우는 머물러 있던 곳을 더럽힌 꼴이다. 본인은 그동안 겪은 일에 대한 감정을 토해내 개운해졌을지 모르지만, 그 여파로 D씨의 격한 감정을 그대로 받아내야 했던 C씨는 불쾌했을 것이다.

이 경우처럼 복수를 목적으로 피해자인 척하는 사람은 때로 본래의 상대와는 관계없는 제삼자에게 화를 터뜨린다. 운 나쁘게 상대 대신 타깃이 된 사람은 불쌍하다고 할 수밖에 없다.

❖ ❖ ❖

자신에게 해를 끼친(혹은 끼쳤다고 생각하는) 상대에게 복수하고 싶은데 권력 관계 등의 문제로 복수하는 것이 현실적으로 어려운 경우, 그 창끝은 공격하기 쉬운 상대에게로 향한다.

연예인의 불륜에 대한 비난을 예로 들어보자. 연예인을 공격하는 사람 중에는 일상생활에서 어떤 피해자 의식이 있어서 그에 대한 복수로 공격하기 쉬운 불륜 연예인을 타깃으로 하는 사람이 있다.

물론 불륜은 도덕적으로 용서되지 않는 행위다. 또한 일본에서는 부정한 행실이 민법상 불법 행위에 해당한다. 그러나 민법에서 불륜의 책임을 물을 수 있는 것은 직접적인 피해자, 즉 배우자가 불륜을 저질러 피해를 입은 당사자와 그 불륜 상대의 배우자뿐이다. 가령 의사와의 불륜이 알려진 배우의 경우, 그 책임을 물을 수 있는 것은 그의 배우자와 불륜 상대인 의사의 배우자뿐이다.

불륜이 알려진 연예인들은 자신이 세상의 비난을 받는 것에 대해 속으로는 '물론 나쁜 짓을 했을지 모르지만 사과할 상대는 직접적인 관계자이지 세상 사람들 전부는 아니다.'라고 생각할 것이다. 그러나 그렇게 속마음을 털어놓으면 더욱 심하게 비난받는다. 그래서 폭풍우가 지나갈 때까지 머리를 숙이고 참을 수밖에 없다.

공격하는 사람들은 그런 연예인의 사정을 잘 알고 있다. 그래서 자신들이 아무리 공격해도 상대의 반격을 받을 일은 없다고 깔본다. 상대의 약한 입장을 이용해 이때라는 듯이 평소 품고 있었던 부정적인 감정을 불륜 연예인을 향해 발산한다.

더군다나 연예인은 일반인들에게 보통은 별세계에 있

는 존재에 가깝다. 그런 존재가 180도 바뀌어서 약한 입장이 되면 '꼴좋다'는 기분도 더해진다. 이런 이유로 '별것 아닌 불륜'은 '세기의 대범죄'가 되어 끊임없이 비난이 반복된다.

그들은 어떻게 '정의'를 손에 넣을까?

화의 치환으로 관계가 없는 제삼자를 공격하는 사람은 자신의 행위를 정당화하기 위해 종종 '피해자와의 동일시'를 행한다.

공격을 받아도 어쩔 수 없는 사람이 있다고 해도 전혀 관계없는 외부의 사람이 참견하기에는 망설여진다. 그래서 공격할 타깃이 될 만한 상대에게서 피해를 당한 진짜 피해자(불륜이라면 배신당한 배우자)와 자신을 동일시한다. 자신이 피해자와 일체가 되면 피해자 입장에 설 수 있으므로 마음껏 비난할 수 있다.

리벤지형인 사람은 피해자와의 동일시를 통해 '정의'도 손에 넣는다. '직접 겪은 당사자는 아니지만 정의의 편에 서 있으니 내가 행하는 가해자에 대한 처벌은 정당하다.'라고 생각하며 자신만만해질 수 있다.

정의를 손에 넣은 '피해자인 척하는 사람'은 행동에 주저함이 사라진다. 분노를 터뜨려야 할 상대로부터 치환된 타깃이 애당초 저항할 수 없는 입장에 있다는 점도 행동을 더욱 과격하게 만든다.

2016년 7월, 일본의 한 장애인 복지시설에서 일어난 살상 사건은 범인이 자신의 피해자 의식을 치환해 약자에게 터뜨린 사건이라고 할 수 있다. 이 사건으로 입소자와 직원 총 46명이 부상당하거나 사망했다. 그중에서도 사망자 수는 제2차 세계대전 후 가장 많은 19명에 이른 참담한 사건이었다.

이 사건의 범인은 어릴 적부터 꿈꿨던 초등학교 교사가 되지 못하고 장애인 복지시설에 취직했다. 당초에는 어느 정도 뜻을 갖고 있었지만 차츰 불만이 커지면서 일이 힘들다는 푸념을 늘어놓게 된다. 꿈꾸는 인생을 살지 못하는 것은 자신의 책임인데, 범인은 인생의 실패를 받아들이지 못하고 피해자 의식을 키워간다.

치환으로 분노의 창끝을 돌릴 절호의 타깃이 된 것이 눈앞의 입소자들이었다. 장애인인 입소자들은 사회적 약자다. 범인은 '장애인은 모두 죽여야 한다.'라고 말하기 시작했고 주위로부터 더욱 고립되었다.

이때 범인이 동일시하려 한 것은 '국가'였다. 사건 전 범인은 살해 계획을 쓴 편지를 중의원 의장 앞으로 써서 의장 공저에 지참했다. "결단을 내리시면 언제든 작전을 실행하겠습니다. 일본국과 세계 평화를 위해 부디 잘 부탁드립니다."라고 마치 장애인을 살해하는 것이 국가의 바람인 양 말했고, 자신을 대리 처벌집행자로 인정해달라며 청원했다. 물론 국가는 상대하지 않았다. 편지를 받은 중의원 사무국은 즉시 경찰에 통보했다.

범인은 정의에 홀려 있었다. 보도에서는 범인이 사건 후 다음과 같이 진술했다고 한다.

"장애인의 안락사를 국가가 인정해주지 않기 때문에 내가 하는 수밖에 없다고 생각했다."

"장애가 있어서 가족과 주위도 불행하다고 생각했다. 사건을 일으킨 것은 불행을 줄이기 위해서다."

"장애인을 살해한 나는 구세주다."

그를 범행에 이르게 한 요인 중 하나에 좌절에서 생긴 피해자 의식이 있을 가능성이 크다. 그런데 어느 사이에 화의 치환으로 이 피해자 의식이 사회적 약자인 장애인 입소자에게로 향하게 되었다. 그리고 그것을 정당화하기 위해서 도저히 받아들일 수 없는 위험한 '정의'를 휘둘렀다고 생각할 수 있다.

철학자 니체 Friedrich Wilhelm Nietzsche 는 《도덕의 계보학》에서 "재판관으로 위장한 복수의 귀신들로 가득하다. 이 복수의 귀신들은 '정의'라는 말을 독이 있는 타액처럼 끊임없이 입안에 모아두고 있다."라고 말하며 "그들은 복수를 정의라는 미명하에 성스러운 행위로 하려고 한다."라고 지적한다.

본질을 꿰뚫은 지적이다. 리벤지형인 사람은 정의를 특별히 높이 쳐들고 자신을 상처 입힌 상대뿐 아니라 전혀 관계없는 제삼자도 공격한다. 피해자인 척하는 사람들 중에서도 정말 무서운 타입이다.

○─ 피해자인 척하기의
목적은 하나가 아니다

　피해자인 척하는 사람의 세 가지 목적별 유형인 메리트형, 스포트라이트형, 리벤지형에 대해서 알아보았는데, 사실 이 세 가지가 완전하게 구별되는 것은 아니다. 피해자인 척하는 사람들은 많든 적든 이들 목적 중 두 가지 혹은 세 가지 모두를 갖고 있는 경우가 많다.

　예를 들어, 학교 법인 '모리모토 학원'을 둘러싼 문제(아베 총리가 국유지를 측근이 운영하는 모리모토 학원에 헐값에 넘기는 특혜를 주려 한 사건-옮긴이)로 일약 세간의 주목을 모으고, 2017년 7월에 국가와 오사카大阪府 부의 보조금을 부정으로 수급한 혐의로 체포된 전 이사장 가고이케 야스노리(籠池泰典, 이 책을 집필하는 2018년 3월 시점에서는 공판 전 정리 절차 중)가 좋은 예일 것이다.

의혹이 보도되고 체포되기까지 그는 보도진의 카메라 앞에서 자신의 주장을 정력적으로 전개했다. 일본 국내 보도진에 대응했을 뿐만 아니라 외국특파원협회에서도 회견을 했다. 또, 국회의 증인 신문에도 당당히 응했다. 정치인도 무색할 정도의 언변이었다.

그의 주장을 요약하면, "나는 국책 수사의 피해자다."라는 것이다. 그 진위는 제쳐두고, 이렇게 주장한 가장 큰 목적은 보신이라는 이익 때문일 것이다. 이대로는 유죄가 될 위험이 있으니 그것을 피하기 위해 피해자라는 것을 강조했을 가능성이 크다.

또, 가고이케에게서는 스포트라이트형에서 많은 '연극성 인격장애'의 특징도 볼 수 있다. 가고이케는 아베 총리의 부인인 아베 아키에로부터 기부를 받았다고 주장하는 100만 엔을 반환하기 위해서 일부러 보도진을 데리고 그녀가 경영하는 주점을 찾아갔다. 이처럼 눈에 띄는 행동을 하고 싶어 하는 것은 스포트라이트형답다. 돌려주기 위해 지참한 100만 엔의 돈다발은 맨 위와 아래 두 장만 진짜 지폐고 나머지는 백지였다고 한다. 이런 소도구를 사용해 연출하려는 점도 치밀하다.

그가 그렇게 주장한 데에는 복수의 목적도 있었을 것이

다. 증인 신문을 위해 국회에 소환되어 초등학교 신설 인가 철회에 대해 질문받자, 그는 "거의 완성되었는데 곤경에 빠졌다."라고 답변하며 분노를 느낀 정치인으로 오사카 부지사를 언급했다. 그 외의 발언을 들어도 아베 총리와 아키에 여사가 배신했다는 것을 느끼게 한다. 진짜 악惡은 자신이 아닌 다른 데 있다는 식이다.

이처럼 그는 기본적으로 보신이라는 이익을 얻고 싶은 메리트형이지만 주목을 모으고 싶은 스포트라이트형, 곤경에 빠뜨린 원한을 풀고 싶은 리벤지형까지 세 가지 유형에 전부 해당된다. 그를 세 가지 가운데 어느 하나로 무리하게 분류하는 것은 불가능하다.

앞서 예로 든 유명인의 사례로 말하면, 스포트라이트형으로 소개한 오보카타 하루코에게는 보신이라는 메리트형의 요소가 있었고, 리벤지형으로 소개한 배우 B씨에게는 주목을 받고 싶은 스포트라이트형의 요소가 있었다. 특별한 경우에만 피해자인 척하는 목적이 복합적으로 나타나는 것이 아니다.

피해자인 척하는 사람의 목적을 알면 거기에 맞춰 대처할 수 있다. 그런 의미에서 목적을 아는 것이 중요하다. 그러나 목적이 복합적인 경우는 적지 않아서 무리하게 한 가지 유형에 적용하면 오히려 대처를 잘못할 우려가 있다. 복합적인 목적을 갖고 있을 가능성이 크다는 것을 전제로 유연하게 생각해야 한다.

Chapter 4

그들이
사랑하는 건
자기 자신뿐이다

인생이 잘 안 풀려서
피해자인 척하는 것은 아니다

피해자 의식이 강한 사람은 일반적으로 일이나 생활에서 큰 문제를 안고 있는 사회적 약자라고 생각하는 사람들이 많다. 물론 인생이 뜻대로 잘 풀리지 않아서 피해자 의식이 심해져 피해자인 척하는 행동을 나타내는 사람들도 있긴 하다.

그러나 '피해자 의식이 강한 사람=사회적 약자'라는 단정은 틀렸다. 피해자 의식이 강한 사람 중에는 지극히 평범하게 생활하는 사람, 오히려 사회적으로 성공한 사람이 적지 않다. 언뜻 피해와는 관계없이 평화롭게 사는 이웃이 사실은 뒤에서 피해자 의식을 키워 누군가를 공격해도 이상하지 않은 것이다.

흥미로운 연구가 있다. 게이오대 경제학부 다나카 다쓰

오田中辰雄 준교수는 국제대학의 글로벌커뮤니케이션센터 강사인 야마구치 신이치山口眞–와 공동으로 인터넷 이용자 2만 명에게 게시판 등의 악성 댓글 작성 경험에 관한 설문조사를 실시했다.

게시판에 비난하는 글을 올리는 것은 우선 처벌 욕구가 강한 사람들이다. 3장에서 제시한 유형으로 말하면 리벤지 형인 사람이 여기에 해당한다.

그럼 구체적으로는 어떤 사람들일까? 연구를 정리한 기사 '악성 댓글 폭주를 일으키는 것은 멍청하고 한가한 사람들인가'(〈PRESIDENT〉 2017년 10월 2일호)에 따르면 비난하는 글을 쓰는 사람 중에는 감상을 가볍게 적기만 하는, 정도가 가벼운 경우가 있는 한편 공격적인 댓글을 집요하게 반복하는 정도가 심한 이들도 있다고 한다. 기사에는 다음과 같은 설명도 있다.

"정도가 가벼운 작성자는 30~40대가 중심으로, 개인 연수입이나 세대 연수입이 높을수록 작성율도 높아진다. 자녀와 동거하는 사람도 작성율이 높다. (중략) 악성 댓글을 쓰는 사람들은 독신에 가난하고 스트레스를 받는 사람들이라는 견해는 편견이다."

그럼 정도가 심한 작성자는 어떨까? 4만 명을 대상으로

한 또 다른 설문조사에서는 과거 1년간 열한 건 이상의 악성 댓글 폭주 사건에 참가했고 한 건당 최고 50회 이상 악성 댓글을 작성한 사람은 일곱 명이었다. 이 일곱 명이 악성 댓글 폭주의 중심인물인데, '객관적 속성에 명확한 특징은 없고, 학력, 수입, 결혼 여부는 제각각'이라는 결과가 나왔다. 즉, 정도가 가벼운 작성자뿐만 아니라 정도가 심한 작성자에게도 사회적 약자라는 꼬리표를 붙이는 것은 잘못이다.

참고로 정도가 심한 일곱 명의 참가자(조사를 실시한 다나카가 '슈퍼 세븐'이라고 칭했던 인물들)에게는 주관적인 사고방식에 명확한 특징이 있었다. 다나카는 해당 기사에서 다음과 같이 이야기했다.

"설문조사를 보면 슈퍼 세븐은 '죄를 지은 사람은 세상에서 퇴장해야 한다.'라거나 '뻔뻔한 인간이 함부로 설치는 것이 세상이다.' 혹은 '노력은 보답하지 않는다.'라고 생각하는 경향이 정도가 가벼운 작성자에 비해 강했다. 이들은 세상을 원망하는 기분을 갖고 있고 피해자 의식이 극단적으로 강하다."

인터넷의 악성 댓글 폭주에 참여하는 사람의 마음속에는 강한 피해자 의식과 그에 따르는 처벌 욕구가 잠재해 있다. 그런데 이렇게 강한 피해자 의식을 갖는 것이 일과 생활에 고통을 받는 사람들뿐만이 아니라는 점에 유의해야 한다.

○— 성공한 사람과 '피해자인 척하는 사람'은 종이 한 장 차이

사실은 사회적으로 성공한 사람 중에도 피해자인 척하는 사람들이 다수 섞여 있다.

예를 들어 공무원이나 일류 기업에 근무하는 직장인 등의 엘리트 집단은 메리트형의 피해자인 척하는 사람이 되기 쉽다. 엘리트는 아무런 노력 없이 지금의 지위에 오른 것이 아니다. 일부 천재를 제외하면 많은 사람이 어릴 적부터 학원 공부도 병행하며 공부를 계속해서 지금의 위치나 수입을 손에 넣었다.

이렇게 피나는 노력으로 얻은 지위와 수입인 만큼 그것들에 대한 집착이 남보다 강하다. 집착이 강하면 자기보신에 대한 욕구도 강해진다. 때문에 보신이라는 이득을 위해 자신이 피해자인 것처럼 행세한다.

프레젠테이션 능력이 높은 사람도 주의해야 한다. 프레젠테이션 능력은 비즈니스맨에게는 없어서는 안 되는 능력 중 하나다. 경쟁이 심한 환경에서 탁월하다는 평가를 받으려면 자신의 실적이나 강점을 확실하게 어필하지 않으면 안 된다.

예를 들어, 영업직이면 '내게 사는 것이 이익'이라고 말하며 고객을 납득시켜야 하고, 조직에서 출세하려면 '이 일을 성공시킨 것은 나'라고 주장하며 공로를 강조해야 한다. 연예계에서 개그맨이나 탤런트로 살아남는 것도 텔레비전 화면에 조금이라도 길게 나오려고 앞으로 나오는 사람들뿐이다.

이렇게 타인보다 더 눈에 띄고 싶어 하는 강한 자기현시욕과 그것을 뒷받침하는 높은 프레젠테이션 능력이 그들을 성공하는 사람으로 만든다. 그런데 강한 자기현시욕은 자칫하면 스포트라이트형의 피해자인 척하는 행위로 이어지기 쉽다. 주위의 주목을 받고 싶은데 지금 이대로는 사람들이 돌아봐주지 않을 때, 혹은 더 주목을 받고 싶을 때 자신을 비극의 주인공으로 꾸며내는 것이다.

프레젠테이션 능력이 뛰어난 만큼 주변 사람들은 홀랑 속아 넘어가게 된다. 앞서 소개한 오보카타 하루코와 우에

니시 사유리는 자기현시욕이 과도하게 강한 것 같지만, 사실 그들이 젊은 나이에 출세한 것도 자신을 돋보이게 하는 프레젠테이션 능력이 있기 때문일 것이다.

성공한 사람 중에는 '저 사람을 위해서라면 힘껏 도와주고 싶다'라는 생각이 들게 만드는 '요령 좋은' 사람도 있다. 이런 타입도 주의해야 한다. 요령 좋은 사람은 자기현시욕이 강하고 프레젠테이션에 뛰어난 타입과 달리 억지를 강하게 부리지는 않는다. 그러나 인간성으로 매료하거나 의리와 인정을 교묘히 사용해 결국은 자신의 요구를 받아들이게 만든다. 사람의 마음을 조종한다는 의미에서 위험도는 프레젠테이션 능력이 높은 사람과 견주어도 덜하지 않다.

또, 일약 시대의 총아가 된 경영자 등 강렬한 성공 체험을 가진 사람은 리벤지형의 피해자인 척하는 사람이 되기 쉽다. 화려한 성공을 장식한 사람은 주위에서 치켜세운다. 그렇게 되면 겸손함을 유지하기 어렵다. 처음에는 겸허했던 사람도 주위에서 치켜세우니 자신이 대단하다거나 특권 계급이라는 식으로 착각하기 시작해 차츰 자기애를 키워간다.

비대화된 자기애는 사소한 일에도 상처받는다. 성공해

서 자부심이 강해질수록 이전이라면 웃고 넘길 비평도 용서할 수 없게 된다. 성공하면 마음에 여유가 생길 만한데 오히려 반대인 사람이 많다. 정당한 비판조차 참을 수 없게 되어 '터무니없는 비방'이라며 자신이 피해자인 것처럼 가장해 보복에 나선다.

현역 시절에는 운 좋게 피해자인 척하는 기분을 통제할 수 있다. 더 무서운 것은 은퇴 후다. 이전에 성공한 경영자도 일선에서 물러나 지위가 없어지면 평범한 사람이 된다. 현역 시절과 달리 주위에서 치켜세워주지 않는다. 때로는 노인 취급을 당해 사회로부터 소외감을 느낄 때도 있을 것이다. 그런 현역 시절과의 차이가 피해자 의식을 만들어내고, 이는 타인에 대한 공격으로 이어진다.

주위에 피해를 주는 행동을 하는 고령자의 존재가 사회 문제가 된 지 오래다. 고령자들이 이웃 간 분쟁으로 칼부림 사태를 벌이는 경우도 있다. 이들이 분쟁을 일으키는 배경에는 현역 시절과 은퇴 후의 차이에서 생기는 초조와 불안이 있는데, 성공한 사람일수록 그 차이가 커진다. 현역 시절에는 스스로를 다스릴 수 있었던 성공자도 이 차이에 꺾여 피해자인 척하는 사람으로 변모해버릴 수 있다.

지금까지 봐왔듯이 성공한 사람도 피해자 의식과 무관

하지 않다. 성공한 사람과 피해자인 척하는 사람은 종이 한 장 차이다. '이 사람은 사회적으로 성공했으니까 피해자 의식 따위 갖지 않을 것'이라고 생각해 방심하면 호된 꼴을 당하게 될지도 모른다.

○─ 피해자 의식의 뿌리에 있는 '자기애'

피해자 의식이 강한 사람이 처한 상황은 일률적이지 않다. 직장과 가정에서 어려운 상황에 내몰리는 사람이 있는가 하면 반대로 화려한 성공을 거둔 사람도 있다. '사회적 지위와 수입이 좋지 않아서 피해자인 척한다.'라고 일률적으로 단정하는 것은 타당하지 않다. 그렇다면 어떤 사람이 피해자 의식을 키우기 쉬울까?

키워드는 '자기애'다. 똑같은 상황에서도 피해자인 척하는 사람과 그렇지 않은 사람이 있는 것은 이 자기애의 정도에 개인차가 있기 때문이다. 자기애가 강할수록 피해자의식을 키우기 쉬워서 주위에 혼란을 초래한다.

그럼 왜 자기애가 피해자 의식으로 이어지는 것일까? 자기애가 강할수록 자신이 대단하다는 감정을 갖기 쉽다. 그런데 대개 알맹이는 그런 생각에 미치지 못한다. 한마디로 자신에 대한 과대평가 때문인 것이다.

자신을 과대평가하는 사람은 자신의 실력이 부족하다는 사실을 깨닫고 싶어 하지 않는다. 그래서 이루어지는 것이 '부인否認'이다. 부인은 사실을 얼버무리거나 부정함으로써 인정하고 싶지 않은 것에서 눈을 돌려 마음의 평안을 유지하려는 가장 원시적인 방어기제 중 하나다.

예를 들어 불편한 사실을 추궁당할 때 "그런 말 하지 않았다."라거나 "그런 말은 못 들었다."라고 시치미를 떼거나 "기억에 없다." 혹은 "당신의 오해가 아니냐."라고 얼버무리는 것은 부인이라는 방어기제의 소행이라고 할 수 있다.

강한 자기애의 소유자는 자신이 품고 있는 자기애적 이미지가 손상될 사태에 직면했을 때도 부인을 통해 그런 사태로부터 눈을 돌리려 한다.

17세기에 《잠언과 성찰》을 쓴 프랑스의 명문 귀족 프랑수아 드 라 로슈푸코François de La Rochefoucauld 는 자기애에 대해 "이 세상에서 가장 교활한 인간보다 더 교활하다."라고 표현했다. 강렬한 자기애의 소유자는 사실을 왜곡해서라도 자신이 지니는 감정을 지키려 한다. 그리고 이렇게 사실을 왜곡하는 방법의 하나가 바로 피해자인 척하는 것이다.

가령 입시에서 불합격했다고 가정해보자. 자기애가 강한 사람은 자신의 머리가 원래 좋지 않다거나 공부에 임하는 자세에 문제가 있었다는 것을 절대 인정하고 싶어 하지 않는다. 그래서 "학교가 잘 가르치지 못했다."라고 하거나 "학원에 보내주지 않은 부모 때문이다." 혹은 "이 입시제도로는 진짜 실력을 따질 수 없다."라며 주위 사람이나 사회를 탓한다.

직장에서도 자기애가 강한 사람은 자신의 잘못을 인정하려고 하지 않는다. 가령 자신의 실수로 프로젝트가 실패해도 그것을 인정하면 지금까지의 일에 대한 평가가 과대평가였다는 사실을 인정하는 것이 되어버린다. 그래서 다른 사람에게 책임을 덮어씌우고 자신은 그 피해자라는 구도를 만든다.

내가 정기적으로 직원의 정신건강을 상담하는 금융기관에서도 다음과 같은 경우가 있었다. 입사 10년째인 한 30대 직원은 원래 대인관계가 활달한 타입은 아니었다고 한다. 그러나 그 금융기관에서는 거의 전원이 지점 영업부터 일을 배우기 시작한다. 영업은 커뮤니케이션 능력을 요구하는 일이기 때문에 대인접촉에 어려움이 있는 사람은 결과를 내기 어렵다. 그 직원은 일에 스트레스를 받은 듯 우울증에 걸려 두 번 휴직했다.

　우울증으로 휴직한 직원을 회사는 배려할 의무가 있다. 회사는 영업을 지원하는 부서로 직원을 이동시켰다. 그 부서의 주된 업무는 문서 작성으로, 대인접촉이 적은 부서였다. 내가 봐도 타당한 조치였다. 그런데 직원은 이 부서 이동이 불만이었던 모양이다. 상담 시 그는 이렇게 불만을 터뜨렸다.

　"나는 단순 작업을 하려고 금융기관에 들어온 게 아니다. 이 이동으로 나의 커리어는 닫혀버렸다. 이동을 지시한 상사 탓이다!"

　회사는 직원의 정신건강을 배려해 최대한 부담이 적은 부서로 이동시켰는데 본인은 오히려 원망하며 상사를 비난했다.

　나의 눈에는 그가 자신을 엘리트라고 생각하는 것처럼 보였다. 대인접촉이 서툰 것은 확실한데 그것을 인정하면 자기애적 이미지가 손상된다. 그래서 자기평가를 유지하기 위해 '커리어에 타격을 입은 것은 회사와 상사 탓'이라고 책임을 전가해 스스로를 납득시킨 것이다. 이런 언동의 뿌리에 있는 것은 자신이 대단하다고 느끼는 감정이다. 자기애가 그다지 강하지 않으면 '대단하지 않은 자신'을 받아들일 수 있지만 자기애가 강하면 그럴 수 없다. 그것이 피해자인 척하는 사람과 그렇지 않은 사람을 가르는 포인트가 된다.

부모의 강한 자기애를 그대로 물려받는다

그렇다면 어떤 사람이 강한 자기애를 품을까?

자기애의 형성에는 소인素因과 환경이 서로 관계한다고 한다. 소인은 선천적인 유전 문제로, 본인을 포함한 누구도 통제할 수 없다. 반면에 환경은 어느 정도 통제가 가능하지만, 본인이 관여해 환경을 바꾸기는 어렵다.

오랜 임상경험을 토대로 한 나의 견해인데, 자기애 형성에는 소인보다 환경적 영향이 크다. 피해자인 척하지 않을 수 없을 만큼 강한 자기애를 갖고 있는 사람은 그렇게 될 수밖에 없는 환경에서 자랐기 때문에 자기애를 키워 괴물이 되었을 가능성이 크다.

자기애를 형성하는 환경요인으로 가장 중요한 것은 '부모'다. 자기애가 강한 사람은 자기애가 강한 부모 밑에서 자란 경우가 많다. 자기애가 강한 부모는 자신의 자기애를 자식에게 투영한다. 쉽게 말하면, 자식은 자신의 분신이라고 여기며 마치 자신을 사랑하듯이 자식을 사랑한다. 이런 부모에게서 금이야 옥이야 과보호를 받으며 자란 자식은 자신이 대단하다고 믿고 자기애를 비대화시킨다.

부모가 순수하게 애정을 쏟는 것이라면 그나마 낫다. 골치 아픈 것은 자신의 상처 입은 자기애를 자식에게도 투영하는 부모다.

만화《거인의 별 巨人の星 》(아버지로부터 야구 영재 교육을 받은 소년이 성장해 요미우리 자이언츠에 입단, 경쟁자들과 싸우는 내용의 야구 만화-옮긴이)의 주인공 호시 휴마와 그의 아버지 호시 잇테츠가 그 예다. 잇테츠는 프로야구 요미우리 자이언츠 선수였다. 재능이 뛰어났지만 제2차 세계대전에 참전해 어깨를 다치는 바람에 재능을 발휘하지 못한 채 그라운드를 떠났다. 잇테츠의 자기애는 여기서 엉망이 되어버렸다.

잇테츠는 원통함을 씻기 위해 아들 휴마를 지독히 훈련시켜 일류 투수로 키운다. 잇테츠에게는 휴마의 행복 따위 보이지 않는다. 자신의 분신인 휴마가 자이언츠의 별이 되면 자신의 상처 입은 자기애를 재생할 수 있다. 그래서 아들에게 지나친 기대를 갖고 스파르타식으로 훈련시킨다.

고작 만화라고 우습게 생각해선 안 된다. 현실에도 휴마처럼 부모의 기대를 한 몸에 받고 자라는 자식이 많다. 연기자가 꿈이었던 어머니가 자식에게 어린이역 오디션을 보게 한다거나 학력이 낮아서 고생한 부모가 자식에게 사립 초등학교나 중학교의 입시를 치르게 하는 예는 얼마든지 있다.

상처 입은 자기애를 자식을 통해 재생하려는 부모가 최근 특히 눈에 띄게 많아진 것은 시대와도 관계가 있을 것이다. 경제가 계속 성장했던 시대의 부모는 자신이 되고 싶은 사람이 되기 쉬웠고, 좌절하더라도 다른 것으로 성공을 거둬서 상처 입은 자기애를 스스로 재생할 수 있었다. 그러나 경제가 정체하는 시대로 돌입하면서 많은 부모가 자기실현을 포기할 수밖에 없는 상황에 내몰렸다.

자기실현을 포기했다고 생활이 나아지는 것은 아니다. 소중한 것을 희생한 것치고 얻는 것은 적어서 '그때 포기하지 않았더라면' 하는 후회가 더욱 커진다. 자식에게 대신 꿈을 걸지 않으면 부모도 살 수 없다.

한편 이런 부모 밑에서 성장하면 자식도 자기애가 강해진다. 프랑스의 정신분석학자 자크 라캉 Jacques Lacan 은 "인간의 욕망은 타인의 욕망이다."라고 했다. 사람은 타인의 욕망을 받아들여 자신의 욕망으로 삼는다는 의미인데, 부모 자식 관계에서는 이 경향이 현저해진다.

자식은 부모에게 사랑받고 싶다거나 인정받고 싶다는 바람이 있어서 부모의 기대에 부응하는 행동을 자연스럽게 습득한다. 그 과정에서 '우리 아이는 대단하다.'라는 부모의 평가를 받아들여 '나는 대단하다.'라고 생각하며 자기애를 강화한다.

보통은 성장 과정에서 부모의 기대에 부응하려고 최선을 다하는 자신에게 위화감을 느끼기 마련이다. 진짜 나는 누구일까 궁금해하거나 적어도 자신은 부모의 꼭두각시가 아니라는 생각을 품고, 부모의 욕망보다 자신의 마음속으로부터 생겨난 욕망에 관심을 갖는다.

그런데 자신의 욕망이 부모의 욕망을 복사한 것이라는 사실을 알지 못한 채 성인이 되는 사람도 있다. 부모의 기대대로 사는 것에 의문을 품지 않은 사람과 의문을 품었어도 지워버리고 참으면서 성장한 사람도 있다. 이런 사람은 '부모의 기대에 부응하는 나는 대단하다.'라는 감정을 느끼는 한편, 자신을 움직이게 하는 것이 자신에게서 비롯된 것이 아니기 때문에 무엇을 해도 충족감을 느끼지 못한다.

자기애가 강한 사람은 자기평가를 유지하기 위해 온갖

방법을 쓴다. 언뜻 자신감에 가득 차 생기발랄한 것처럼 보이지만 그것은 겉모습일 뿐, 사실은 공허함을 가진 채 생활하고 있는 경우가 많다. 그런 점에서 상처 받은 자기애의 재생을 부모로부터 위임받은 자식은 동정해야 할 부분이 있다.

○─ 학교가 과도한 자기애를
교정해주지 못하는 시대

　자기애가 강해진 환경요인으로 또 하나 간과할 수 없는 것이 바로 학교다. 학교는 아이가 인생 초기에 접하는 중요한 사회 중 하나다. 가정에서 다소 비정상적인 육아 방식으로 자랐어도 학교라는 장소에서 세상의 일반적인 상식을 만나면 비상식적인 행동이 교정된다.

　예를 들어, 학교에서는 지각하면 혼이 난다. 시간에 무책임한 가정에서 성장한 아이도 지각해서 혼나면 '지각은 나쁜 행동'이라는 상식을 알고 사회성을 습득한다.

　그런데 최근의 학교는 매우 방어적이어서 '사회란 이런 곳'이라는 것을 아이가 깨달아 조정하게 만드는 기능을 상실했다. 아이가 상식 밖의 언동을 해도 개성으로 인정하는 경향이 강하다. 그것이 주위에 피해를 주는 것이어도 학교는 가능한 한 원만하게 수습하려고 아이를 엄하게 야단치지 않는다. 그 결과 아이는 과대한 자기애를 품어도 교정하지 못한 채 성장한다.

개중에는 자신을 고객으로 착각하는 아이도 있다. 이런 아이는 부모가 "선생님은 우리가 낸 세금으로 월급을 받는다. 그러니까 우리에게 봉사하는 것이 당연하다."라고 말하는 것을 듣고 소비자가 서비스를 받는 것과 같은 태도로 학교에 다닌다.

특히 심한 것은 교육에 독자적인 색깔을 내기 어려운 공립학교일 것이다. 사립학교에는 학교 이념이 있어서 거기에 걸맞지 않은 아이에게는 떠나달라고 부탁하는 경우가 있다. 그러나 사립에 비해 공공성이 높은 공립학교는 그렇게 할 수 없고, 힘에 부치는 아이를 퇴학 처분할 수도 없다.

공립 초중고교 교사의 질병 휴직자 가운데 60퍼센트 이상이 마음의 병으로 휴직한다는 통계 자료가 있다. 이미 교사가 존경받는 직업이 아니라 봉사를 강요받는, 스트레스가 높은 직업이 되었음을 보여주는 것이 아닐까.

물론 사립학교도 최근의 흐름과 무관할 수 없다. 사립의 경우, 수업료를 주고받는 일이 직접적으로 발생하기 때문에 서비스 제공자와 고객의 관계가 되기 쉽다. 인문계 학교에서는 힘 관계가 역전되기도 하는데, 많은 학교가 저출산의 영향으로 입학생의 확보를 중요한 경영과제로 삼고 있는 현실 때문이다. 학교를 존속시키기 위해서는 보호자와 학생에게 저자세로 대할 수밖에 없다.

학교에서도 비대화된 자기애를 교정받지 못한 아이들은 취업 활동을 시작하거나 실제로 회사에 취직해서야 사회를 만난다. 회사에 들어가면 이번에는 입장이 180도 바뀌어 고객에게 서비스를 제공하는 측이 된다. 그래서 직장에서 적응하지 못해 빠른 경우는 4월에 입사해 1개월도 지나지 않아 정신과에 '진단서를 써달라'며 달려온다. 물론 옛날부터 오월병五月病 (신입사원, 대학의 신입생 등에서 볼 수 있는 새로운 환경에 적응하지 못해 생기는 정신적인 증상의 총칭. 일본은 4월에 입학과 취업을 하는데 5월 황금연휴가 끝날 무렵부터 일어나는 경우가 많다고 해서 생긴 말이다.)은 있었지만 최근 특히 증가한 인상을 받는다.

❖ ❖ ❖

사회에 나가서 적응 장애를 일으키는 사람이 있는 반면, 사회에 나가서도 고객의 자세 그대로 뻔뻔한 사람들도 있다. '노동시장에서 나는 고객이다. 회사는 나를 정중하게 대접해야 한다.'라고 주장하는 것이다.

물론 노동자가 정중하게 대접받는 사회는 노동자가 부당한 대우를 받는 사회보다 건전하다. 그러나 거기에도 한도는 있다. 예를 들어, 의료 현장도 지금은 옛날과 크게 달라졌다. 대학을 졸업한 젊은 의사는 우선 수련의로 일하며 경험을 쌓는다. 이전의 수련의는 실력을 쌓기 위해 능동적이고 적극적으로 일을 찾아서 했다. 나도 연수의 시절에는 체력적으로 상당히 힘든 매일을 보냈지만, 시켜서 한다기보다는 자기 성장을 위해 능동적으로 일했다.

그러나 최근의 수련의는 수동적으로 행동하며 지도 의사가 뭔가 지시하지 않으면 움직이지 않는다. 모르는 것이 있을 때에도 스스로 질문하지 않고 일일이 가르쳐주기를 기다린다. 고객인 양 행동하던 학생 시절의 성향이 아직 완전히 빠지지 않은 것 같다. 본래 학생도 능동적으로 배우지 않으면 안 될 텐데, 의대 교수가 된 친구에게 물으면 요즘 학생은 수동적이라는 대답이 돌아온다. 최근에 수동적인 사람이 눈에 띄는 원인으로는 주위에서 과도하게 일일이 가르쳐주는 것뿐만이 아니라 본인의 자기애 문제도 크게 작용한다.

자기애가 강한 사람은 자신이 상처 입는 것을 극단적으로 두려워한다. 그런 한편으로 커뮤니케이션에는 오해나 착오가 따르기 마련이어서 사람과 접촉하면 어떤 형태로든 상처를 입을 수밖에 없다. 그렇기 때문에 강한 자기애의 소유자 중에는 대인접촉을 꺼리는 사람도 있다. 이런 수동적인 태도는 자신이 먼저 사람들과 관계한 결과 상처 입게 될까 두려워하기 때문에 나타난다.

커뮤니케이션 능력은 다른 기술과 마찬가지로 훈련하고 경험을 쌓으면서 키워진다. 그러나 수동적인 태도를 취할 경우 커뮤니케이션 능력을 쌓을 기회가 적어 시간이 지나도 대인접촉에 소질이 없다는 부정적인 의식을 떨칠 수 없다. 그렇게 되면 사람의 도움이 필요한 상황에서도 도움 청하기를 주저해 더욱 궁지에 내몰린다.

예를 들어, 어떤 사정으로 아이를 잠깐 돌봐줄 사람이 필요할 때 커뮤니케이션 능력이 높은 사람이면 친척이나 지인, 이웃에게 부담 없이 부탁할 수 있다. 그러나 대인접촉이 서툰 사람은 그것이 생각대로 되지 않는다. 그래서 자신이 손해를 본다는 감각, 즉 피해자 의식으로 이어진다.

사실은 더 어렸을 때 적극적으로 사람들과 관계해 상처를 입으면서 커뮤니케이션 능력을 키워야 했다. 소통해서 타인의 협력을 얻을 수 있으면 해결이 불가능하다고 생각되는 어려운 문제도 해결의 실마리가 보일 때가 많다. 그렇게 하면 불필요한 피해자 의식을 갖지 않아도 된다.

○─ 자기애성 인격장애는
치료되지 않는다

왜 학교가 서비스업이 되어버렸을까?

열쇠를 쥐고 있는 것은 부모의 자기애다. 자식에게 자신의 자기애를 투영하는 부모는 자식에게 '완벽한 아이perfect child'의 환상을 갖고 있다. 완벽하지 않으면 자신의 자기애까지 상처를 입기 때문이다.

그래서 자식이 완벽해질 수 있게 철저한 배려를 원하고, 만일 뭔가 상처 입은 경우는 학교에 그 책임을 물어서 "우리 아이가 상처를 입은 것은 학교 탓이지 아이나 부모 탓이 아니다."라며 자기애를 지키려 한다. 이런 부모의 압력에 노출된 학교는 아이에게 과도한 서비스를 제공하게 되었고, 그와 동시에 방어적으로 변해버렸다.

중학생 아이를 둔 지인으로부터 들은 이야기다. 직장에

다니는 지인은 등교하는 아이보다 일찍 집을 나선다. 어느 날 회사에 막 도착했을 때 휴대전화로 학교에서 연락이 왔다. 아이가 등교 중에 사고라도 당한 걸까 허둥지둥 전화를 받았는데, 아이가 아직 학교에 오지 않았다는 연락이었다. 시계를 보니 등교 시간에서 5분밖에 지나지 않았다. 이 정도로 전화까지 하나 싶었지만 한마디 들을 각오를 하고 기다렸는데 정작 선생님은 "혹시 무슨 일이 있나 해서요." 라며 오히려 이쪽을 걱정하는 듯했다. 지인은 사과를 하면서도 부모 이상으로 과보호하는 학교의 자세에 놀랐다고 한다.

몇 분 안 되는 지각에도 학교가 부모에게 확인하는 것은 아마 과거에 그런 연락을 하지 않았다고 거꾸로 부모에게 불평을 들은 적이 있기 때문일 것이다. 교사도 원래는 5분 정도의 지각으로 시끄럽게 할 필요는 없다고 생각하겠지만 그래서는 자신을 지킬 수 없기 때문에 예방 차원에서 전화를 하는 것이다.

물론 학교에 불만을 말하는 부모가 모두 나쁜 것은 아니다. 가령 자식이 괴롭힘을 당했다면 오히려 부모는 자식을 지키기 위해 적극적으로 학교에 대응을 요구해야 한다. 그러나 최근에는 친구를 괴롭히는 아이의 부모가 "우리 아이는 그런 짓을 하지 않는다."라고 하거나 "괴롭힘을 당하는 아이에게 문제가 있다." 혹은 "아이들 사이에서 일어난 일이다. 제대로 관리하지 못한 담임 잘못이다."라는 식으로 트집을 잡는 모양이다. 이러니 학교가 방어적이 되는 것도 어쩔 수 없다.

자기애가 비대화하는 환경요인으로 '부모'와 '학교' 두 가지를 들었는데, 알고 보면 학교가 변질된 것도 부모들의 강한 자기애가 원인이다. 부모의 영향은 매우 크다.

❖ ❖ ❖

피해자인 척하는 사람과 그렇지 않은 사람을 가르는 것은 자기애의 강도다. 그러나 근저에 있는 원인을 알아도 우리가 할 수 있는 방법은 많지 않다. 한번 비대해진 자기애는 간단히 이전으로 되돌릴 수 없기 때문이다.

강한 자기애의 소유자가 대인관계나 사회적응 문제로 고민하는 경우 '자기애성 인격장애'라는 진단 기준에 해당할 가능성이 크다. 자기애성 인격장애를 가진 피해자인 척하는 사람의 문제는 크게 두 가지다.

우선, '병식'이 없다. 병식이란 '나는 병을 앓고 있다.' 혹은 '나는 장애를 갖고 있다.'와 같은 자각인데, 피해자인 척하는 사람의 대부분은 자신이 자기애성 인격장애라고 인식하지 못한다. 뭔가 살기 힘든 일이 있어도 그것은 자기 탓이 아니라 주위 탓이라고 생각한다. 자신을 반성하고 돌아보지 않기 때문에 자기애는 비대해진 그대로다.

또 하나는 원래 인격장애는 치료가 불가능하다는 것이다. 우울증 같은 병이면 약물치료나 상담으로 증상을 어느 정도 개선할 수 있다. 그러나 인격장애는 인격의 왜곡이지 병이 아니다. 한마디로 버릇이나 성격 같은 것이어서 약물치료나 상담으로 해결할 수 없다.

피해자인 척하는 행위가 일시적으로 그치는 경우는 있다. 예를 들어, 상사를 타깃으로 피해자인 척한 결과로 상사가 경질되면 한동안은 얌전할 것이다. 그러나 그렇다고 자기애 자체가 약해진 것은 아니다. 강한 자기애를 지키기 위해 다음에는 새로운 상사를 타깃으로 피해자인 척할 가능성이 크다.

이처럼 똑같은 일을 무의식적으로 반복하는 현상을 정신분석에서는 '반복강박反復強迫'이라고 한다. 근본에 있는 강한 자기애는 변하지 않기 때문에 반복강박에 의해 다시 자신이 피해자인 것처럼 행동한다.

반복강박으로 피해자인 척하는 사람들을 바꿀 수는 없다. 이쪽이 변화시키려고 노력해도 헛수고로 끝나거나 거꾸로 원한을 살 뿐이다. 우리가 할 수 있는 것은 그런 사람들에 대응해 자신을 지키는 것밖에 없다.

그렇다면 어떻게 하면 피해자인 척하는 사람의 공격으로부터 자신을 지킬 수 있을까? 3부에서 그 방법을 알아보자.

피해자인 척하는 사람들의 타깃이 되면
참지 말고 빠른 단계에서
제대로 반격하는 자세를 보이는 것이 좋다.
반론하는 것은 '더 이상 이용하지 못할 거야.'라는
의사 표시가 된다.
논쟁에서 이기는 것이 목적이 아니라 상대에게
'이 사람을 타깃으로 하는 것은 위험하다.'라는
생각을 갖게 하기 위해서 반론하는 것이다.

3부

잘못한 건 당신이잖아요,
내가 아니라

: 피해자인 척하며 나를 공격하는 사람과 이별하는 법

Chapter 5

왜 또 나만
사과하는 걸까

"나는 보기보다
쉬운 사람이 아닙니다."

만일 자신이 피해자인 척하는 사람의 타깃이 되어 가해자로 몰릴 것 같으면 어떻게 해야 할까?

먼저 해야 할 것은 '반론'이다. 가령 상대가 "당신 실수로 나까지 피해를 입었다."라고 주장했다고 하자. 상대의 말이 전적으로 옳다면 솔직히 사과하면 된다. 그러나 사실무근이거나 과장된 부분이 있다면 정면으로 반론해야 한다.

"나의 행동이 당신의 일에 영향을 주었다고는 생각하지 않아요. 어떤 오해가 있는 게 아닌가요?"

실제로 이렇게 반론해도 피해자인 척하는 사람이 주장을 거둘 가능성은 적다. 아무리 이쪽의 주장이 옳고 논리적이고 객관적인 증거가 있어도 자기애를 비대화시킨 상대는 부인하며 얼버무릴 뿐이기 때문이다. 그럼 의논이 되지 않는다는 것을 알면서 왜 반론해야 할까?

그것은 '나는 다루기 쉬운 상대가 아니다.' 혹은 '내게 시비를 걸면 호된 꼴을 당하는 것은 당신이다.'와 같은 메시지를 암시하기 위해서다. 피해자인 척하는 사람이 노리는 것은 '약한 사람'이다. 구체적으로는 성격적으로 얌전하고 순종적인 사람이나 직장과 가정 내 인간관계에서 자신보다 입장이 약한 사람이 타깃이 된다.

예를 들어, 성격적으로 얌전한 사람은 자신이 타인에게 어떻게 비추어질지 늘 신경 쓰기 때문에 착한 사람처럼 보이려고 한다. 또, 스트레스에 약해서 불화나 갈등을 가능한한 피하려 하는 경향이 강하다.

이런 타입은 책임을 전가할 상대로 안성맞춤이다. 책임을 덮어씌워도 소란을 피우기는커녕 이기적으로 보이지 않기 위해 관대한 태도로 받아들여주는 경우도 있다. 피해자인 척하고 싶을 때 안심하고 책임을 전가할 수 있는 상대다.

마찬가지로, 직장과 가정 등의 좁은 커뮤니티에서 약한 입장에 있는 사람도 타깃이 되기 쉽다. 가령 상사와 부하라면 부하, 선배와 후배라면 후배, 가족 간이면 자식이나 고령의 부모 등 생살여탈권을 잡힌 측이 타깃이 된다.

또, 보통은 야무지고 강하게 주장하는 사람, 생살여탈권을 쥐고 있는 사람이 어떤 약점을 가졌을 때도 피해자인 척하는 사람은 그것을 민감하게 탐지해서 다가온다. 그리고 역전한 힘 관계를 즐기듯 "지금까지 말하지 못했는데 이 사람에게 피해를 당했다."라며 바로 이때라는 듯이 괴롭히려고 한다.

피해자인 척하는 사람이 약한 사람을 노리는 이유는 단순하다. 상대에게 반격할 힘이 없어서 맘껏 피해를 조작하거나 과장할 수 있기 때문이다. 요컨대 다루기 쉬운 상대를 골라 공격 대상으로 삼는다.

피해자인 척하는 사람은 이 사람 저 사람 가리지 않고 공격하는 것 같지만 사실은 그렇지 않다. 책임을 전가할 후보를 발견하면 먼저 가볍게 공격해 반응을 본다. 공격을 해도 상대가 반격해오지 않으면 공격을 더욱 강화시킨다. 이쪽이 때려도 받아치지 않는 상대라는 것을 확인한 후에 본격적인 공격으로 이행한다.

이들의 타깃이 되면 참지 말고 빠른 단계에서 제대로 반격하는 자세를 보이는 것이 좋다. 반론하는 것은 '더 이상 이용하지 못할 거야.'라는 의사 표시가 된다. 논쟁에서 이기는 것이 목적이 아니라 상대에게 '이 사람을 타깃으로 하는 것은 위험하다.'라는 생각을 갖게 하기 위해서 반론하는 것이다.

특히 평소 얌전한 성격으로 보이는 사람이나 직장과 가정에서 약한 입장에 있는 사람일수록 확실히 반격해야 한다. 예상외의 반격에 상대는 화를 낼지도 모르지만 반격하지 않으면 더욱 심하게 공격하려고 할 것이다. 정도가 심해지는 공격에 계속 노출되느니 문제가 생겨도 빠른 단계에서 제동을 거는 것이 타격을 크게 받지 않는다. 뒤로 미루지 말고 그 자리에서 반론하는 것이 중요하다.

정중하게
존댓말을 하라

    피해자인 척하는 사람의 공격을 받으면 정도가 심해지기 전에 재빨리 반론하는 것이 중요하다. 그렇다고 무턱대고 반론해선 안 된다. 자칫하면 오히려 기름에 불을 붙이는 꼴이 된다.

    반론할 때는 난폭하게 말하지 말고 철저히 예의를 지켜야 한다. 예를 들어, 다음과 같은 어투로 거칠게 말하면 안 된다.

    "거짓말을 하는 것은 당신이잖아! 시치미 떼는 거야?"

    "실수를 내 탓으로 돌리지 마. 당신이 멍청해서 실수한 거야."

    이처럼 난폭한 말로 다그치면 최초의 문제는 일단 보류되고, 심한 말로 협박당했다고 하거나 중상모략으로 상처를 입었다며 피해자인 척할 재료를 새로 주게 된다. 이래서는 역효과다. 반론할 때의 어투는 정중해야 한다.

"뭔가 기억에 착오가 있는 게 아닌가요?"

"저는 제 일을 100퍼센트 다했어요. 결과가 나오지 않은 것은 당신의 행동에 문제가 있기 때문일 거예요."

내용은 신랄하지만 이처럼 정중히 말하면 적어도 말꼬리를 잡히지는 않는다. 피해자인 척하는 사람은 늘 새롭게 피해자인 척할 재료를 찾기 때문에 정중한 어투로 대할 필요가 있다. 그렇게 하면 반격하면서 수비를 할 수 있다.

자신의 부하처럼 상대가 자신보다 약한 입장인 경우에도 어투를 의식하고 정중하게 말해야 한다. 반론할 때만 경어를 쓰는 것은 부자연스러우므로 평소 대화에서도 경어를 쓰는 것이 좋다.

경어는 딱딱하다고 생각하는 사람이 있을 수 있는데 경어란 위험물을 만질 때 착용하는 장갑과 같다. 피해자인 척하는 사람은 취급주의 대상인 위험물이어서 맨손으로 만지면 다친다. 그렇다고 무시할 수도 없다. 경어는 상대와 적당한 거리감을 만들어준다. 경어를 사용하면 딱딱하고 거북해서 다가가기 어려운 인상을 주기 때문에 피해자인 척하는 사람으로부터 자신을 지키는 갑옷이 된다.

물론 말 자체가 정중해도 목소리가 위압적이거나 화난 표정을 지으면 상대에게 피해자인 척할 기회를 주게 될 우려가 있다.

가능하면 기분도 냉정하게 유지하는 것이 중요하다. 일단 마음을 차분히 하고 반론 내용을 검토하면 논리의 오류를 잡을 수도 있다. 반론은 가능한 한 빠르게 하는 것이 좋은데 냉정함을 상실한 채 반론하면 스스로 자기 무덤을 파게 될 수 있다. 예상외의 공격에 동요했다면 일단 그 자리를 피해서 머리를 식힌 후 반론을 시도하는 것이 좋다.

'말하지 않은 것'을 증명하는 것은 불가능하다

　피해자인 척하는 사람과의 분쟁에서 무서운 것은 서로 '말했다', '말하지 않았다' 하고 주장하는, 결론이 나지 않는 논쟁이다. 피해자인 척하는 사람은 피해를 연출하기 위해 "당신의 지시를 따랐기 때문에 실패했다." 혹은 "폭언을 들었다."라는 식으로 이야기를 날조하거나 더하는 경우가 있다. 거기에 대해 "아니다. 그런 지시를 내린 기억이 없다." 혹은 "폭언은 하지 않았다."라고 말해봤자 결론은 나지 않는다. 존재하지 않는 일을 증명하는 것은 사실상 불가능하다는 것을 '악마의 증명'이라고 표현하는데, '말하지 않은 것'을 증명하는 것도 불가능에 가깝다.

　본래는 말을 들었다고 주장하는 측이 피해를 증명할 필요가 있다. 그러나 피해자인 척하는 사람에게 그런 논리는 통하지 않는다. 피해를 당한 자신이 증인인데 그것으로 충분하지 않느냐는 태도로 밀고 나간다.

이렇게 해서 '말했다', '말하지 않았다' 하는 논쟁이 시작되고 가해자가 아닌 것을 증명하지 못한 채 상대의 술수에 빠져든다. 이런 문제를 막기 위한 대책은 두 가지다.

먼저, 상대와 일대일로 대화하는 상황을 만들지 말아야 한다. 특히 닫힌 공간에서의 일대일 상황은 피해야 한다. 제삼자가 있는 곳에서 말하면 말썽이 생겼을 때 진실을 아는 증인을 확보할 수 있다. 또, 제삼자가 있으면 이야기를 날조하기 어려워지므로 언동을 억제하는 힘으로 작용할 것이다.

최근 성추행과 직장 내 갑질 대책으로 회의실을 외부에서 보이도록 설계하거나 문을 열어놓은 채 근무하는 회사가 늘고 있다. 이런 대책은 성추행과 직장 내 갑질 피해를 방지할 뿐 아니라 그런 괴롭힘과 관련해 무고한 죄를 뒤집어쓰는 사람이 나오지 않도록 방지하는 데에도 도움이 된다. 피해자인 척하는 사람과의 커뮤니케이션도 마찬가지다. 밀실 공간에서 두 사람이 대화하지 않는 것이 결백을 증명하는 가장 좋은 대책이다.

또 다른 대책은, 주변 사람들과 좋은 인간관계를 맺어두는 것이다. 피해자인 척하는 사람과 일대일이 되지 않는 것에 성공했어도 피해자인 척하는 사람은 그 자체를 부정하며 "그때 살짝 밖으로 불러냈다."라고 이야기를 만들어낼 우려가 있다. 또, 밀실이 아니라 열린 공간에 같이 있는데 마침 주위에 아무도 없는 상황도 있을 수 있다. 그 순간을 노려 "복도에서 스칠 때 폭언을 했다."라고 거짓말할 가능성도 있다.

결과적으로, '말했다', '말하지 않았다' 하는 논쟁이 되었을 때 그 상황을 좌우하는 것은 주변 사람들의 심판이다. 주변 사람들이 피해자인 척하는 사람의 주장이 이치에 맞다고 판단하면 이쪽이 불리한 입장에 내몰린다. 반대로 이쪽의 주장에 설득력이 있다고 판단하면 피해자인 척하는 사람이 궁지에 몰린다.

진실이 어느 쪽에 있든 결국 주변 사람들이 흑이라고 하면 흑, 백이라고 하면 백이 되기 쉽다. 그래서 피해자인 척하는 사람으로부터 자신을 지키려면 어떻게 해서든 주변 배심원들의 지지를 얻을 필요가 있다.

안타깝게도 호소 전투에서 피해자인 척하는 사람에게 이기기는 쉽지 않다. 피해자인 척하는 사람은 연극을 잘하고 사람의 마음을 사로잡는 기술을 터득하고 있기 때문이다. 젊은 직원이 눈물을 글썽이며 "과장이 욕설을 했다."라고 말하면 대부분의 동료들은 속아 넘어간다. 피해자인 척하는 사람의 뛰어난 프레젠테이션 앞에서는 이쪽의 정의 따위는 안개처럼 사라져버린다.

그렇다면 어떻게 하는 것이 좋을까? 중요한 것은 평소에 주변 사람들과 소통해 신뢰감을 쌓아두는 것이다. 성실하고 신뢰할 수 있는 인물이라는 평가가 굳어지면 잔꾀를 부린 프레젠테이션에 의존하지 않아도 사람들은 "그 사람은 그런 말을 할 리 없다."라고 말하면서 편을 들어준다.

물론 이런 좋은 평판을 구축하기란 간단하지 않다. 보통 타인에게 폭언을 내뱉거나 결과가 나오지 않았을 때 심기가 불편한 표정을 지으면 거꾸로 '그 사람이라면 그럴 수도 있다.'라고 생각할 것이다.

잊지 말아야 할 것은 신뢰할 만한 인물이라는 평가를 모으는 것 외에 피해자인 척하는 사람의 호소력에 대항할 기술은 없다는 점이다. 항상 말과 행동을 바르게 하는 것이 쉽지 않겠지만 가능한 한 평소에 정신을 차리고 행동해야 한다.

한 사람이 감당할 수 있는
일이 아니다

직장에 피해자인 척하는 사람이 있어서 모두에게 폐를 끼친다면 조직적으로 대항하는 것도 검토해야 한다. 피해자인 척하는 사람의 대처를 어떤 한 직원에게 강요하면 그 직원은 무너져버릴 수 있다. 주변에서 그 직원이 잘못한 게 아니라는 것을 이해해주어도 피해자인 척하는 사람의 타깃이 된 것만으로 피폐해진다. 그로 인해 그 직원이 휴직해버리면 손실이 크다. 개인에게 맡길 것이 아니라 조직적인 대응을 해 타격을 최소한으로 줄여야 한다.

그렇다고 모두가 달려들어 피해자인 척하는 사람을 압박하는 방법은 역효과를 낼 것이다. 얌전히 반성하기는커녕 "직장에서 악질적인 괴롭힘을 당해 힘들다."라고 호소해 더욱 자신이 피해자인 것처럼 행세할 게 뻔하기 때문이다.

조직적으로 대응한다면 인사이동을 활용해보는 것이 좋다. 피해자인 척하는 사람이 소란을 일으켜 직장의 화합을 깨뜨리면 다른 부서로 이동시키는 것이다.

정신과에서는 의사에게 집요하게 항의하며 트집을 잡거나 다른 환자와 다투는 등 빈번하게 말썽을 일으키는 환자는 다른 병원이나 진료소에 소개한다. 이곳저곳으로 넘기며 돌리는 것이다.

무책임하게 보일 수도 있다. 하지만 환자 자신이 신뢰하지 않는 의사한테 무리해서 치료를 계속 받으면 증상이 더욱 악화될 우려가 있다. 환자를 위해서도 새로운 장소, 새로운 의사에게 치료를 받는 것이 좋다.

안타깝게도 문제 행동이 있는 환자는 병원을 바꿔도 크게 바뀌지 않는다. 한동안 얌전할 수 있지만, 익숙해지면 다시 문제 행동을 일으킨다. 그때는 다시 다른 병원으로 옮긴다. 결국 똑같은 일을 반복하게 되지만 증상이 악화되는 것보다는 낫다. 근본적인 성격이 치료되지 않는 이상 대증요법으로 속이는 수밖에 없다. 이 방법은 '팀워크 의료'라는 것으로, 정신과 임상에서 보편적으로 이루어진다.

피해자인 척해서 누군가를 공격하는 사람이 직장에 있다면 팀워크 의료처럼 소동을 일으킬 때마다 부서를 바꿔

보는 것은 어떨까. 그때 공격하는 상대로부터 물리적으로 떼어놓으면 창끝이 향할 곳을 잃어 일단 얌전해질 것이다. 이동한 부서에서 다시 누군가를 공격 대상으로 삼을 수도 있지만 그때는 다시 다른 부서로 이동시키면 된다. 규모가 작은 회사에서는 반복해서 이동시키기 어려운데, 이런 경우에는 혼자 근무하는 영업소를 만드는 등의 과감한 방법도 있다. 아무튼 직장의 인간관계를 고정화하지 않고 떼어내는 것이 중요하다.

이동시키기의 목적은 피해자인 척하는 사람을 일시적으로 얌전하게 만들기 위한 것만은 아니다. 중요한 것은 피해자인 척하는 사람과의 접점을 사내의 모두가 분담해 한 사람에게 부담이 집중되는 사태를 막는 것이다. 피해자인 척하는 사람에 대한 대응은 힘들지만, 큰 말썽이 일어나기 전에 이동시키면 휘말렸던 사람의 정신건강도 지킬 수 있다.

일본 법률상 모두에게 폐를 끼치는 직원이라 해도 해고하기는 어렵다. 또, 무리해 해고하면 피해자인 척하는 사람에게 새로운 공격 재료를 줄 뿐이다. 사실은 배치전환의 권리도 남용해선 안 되지만 해고보다 훨씬 부담이 적다. 이 방법이 걱정된다면 회사의 법무팀이나 변호사와 상의한 후 판단하면 된다.

○— "그래도 친구인데
    너무하는 거 아냐?"

　피해자인 척하는 사람에 대한 최선의 대책은 가능한 한 가까이하지 않는 것이다. 이쪽이 신경 써서 상대해도 피해자인 척하는 사람은 사소한 것을 트집 잡아 "그것 때문에 나는 너무 힘들었다."라며 소란을 피운다. 소란을 피우면 정도가 심해지지 않게 반론하는 것이 중요한데, 반론은 많은 에너지를 필요로 한다. 그러니 상대가 트집 잡기 전에 예방하는 것이 이상적이다. 그렇게 하려면 가능한 한 상대와의 접점을 줄여서 공격할 재료를 주지 말아야 한다.

　친구 관계라면 관계를 끊는다. 본디 친구라고 해서 계속 친구여야 하는 것은 아니다. 피해자인 척하는 사람은 "친구라면 부탁을 들어주는 것이 당연하잖아. 그런데 거절하다니 너무해."라는 식으로 친구 관계를 이용해 공격한다.

때로는 "친구니까 말하는 건데, 너의 이런 점이 잘못됐어."라며 친구라는 것을 부당한 공격의 면죄부로 삼기도 한다. 이처럼 본인 형편에 맞게 말하는 친구라면 없는 편이 낫다.

상대에게 악의가 없고 이쪽을 신뢰해 의지하는 관계라도 자를 때는 꺼리면 안 된다. 한 지인의 이야기인데, 일로 알게 된 사람이 사생활을 포함해 여러 가지 고민을 상담해 왔다고 한다. 지극히 개인적인 고민까지 말해서 귀찮기도 했지만 "이런 일을 말할 수 있는 사람은 당신뿐이야."라고 말하며 기대니 스스로 자랑스러운 기분이 들어서 이것저것 보살펴주었다.

그런데 상대가 고민을 털어놓은 메일을 한동안 일이 바빠서 방치했더니 상대의 태도가 싹 바뀌었다. 답장도 주지 않고 냉정하다면서 "나는 당신을 위해 시간을 들여 메일을 보냈는데." 하며 원망하는 장문의 메일을 보낸 것이다.

그전까지 고민을 말하며 의논한 것은 늘 상대였고 지인이 먼저 접근한 적은 한 번도 없었다. 그런데 상대는 터무니없게도 지금까지의 배려를 잊고 오히려 화를 냈다.

이 사람은 '경계성 인격장애'일 가능성이 크다. 인간은 누구나 불안과 갈등을 갖고 있는데, 그런 감정은 보통은 본인의 마음속에서 처리되어 겉으로는 노골적으로 드러나지 않는다. 그런데 경계성 인격장애인 사람은 불안과 갈등을 자신 안에서 처리하는 것이 서툴러 사고나 감정, 행동이 불안정해진다. 예를 들어, 조금 전만 해도 웃었는데 갑자기 울거나 화를 낸다. 또, 자해를 해서 주위를 놀라게 하고, 불안으로부터 도망치기 위해 술과 약물에 빠지는 경우도 있다.

경계성 인격장애인 사람과 사귀면 어떻게든 휘둘리게 된다. 지인의 경우처럼 그전까지 양호한 관계였는데 갑자기 화를 내고 공격하는 것도 일상다반사다. 상대가 화를 내니까 '이제 관계가 끊어졌구나.' 하고 생각하면 다시 아무 일 없었다는 듯 응석을 부리며 다가온다. 그렇다고 반성하고 마음을 고쳐먹은 것은 아니다. 다시 어떤 계기로 태도를 급변시키며 피해자인 척하는 사람으로 돌변한다. 이래서는 이쪽이 감당해낼 수 없다. 의지할 때는 연약한 표정을 보여서 어떻게든 도와주고 싶을지 모르지만 동정은 금물이다. 특별한 각오를 하지 않는 한 관계를 끊는 편이 좋다.

경계성 인격장애를 가진 사람만이 아니다. 친구관계를 이용해 접근했으면서 무슨 일이 있으면 피해자 가면을 쓰고 비난하는 사람과 사귀어도 좋은 경우는 단 하나도 없다. 관계를 깨끗이 청산하자.

친구관계를 연인과 부부관계로 대치해도 마찬가지다. 부부라면 관계가 진흙탕이 되기 전에 청산하는 것이 이상적이다. 일단 진흙탕이 되어버리면 3장에서 언급한 배우 B 씨처럼 자폭형 공격을 하게 된다. 생활하면서 상대의 피해자 의식이 강하다고 느끼는 상황이 눈에 띄면 구체적인 말썽이 일어나기 전에 헤어지는 것이 자신을 위해서 좋다.

또, 부모자식 관계에서 피해를 당하는 경우도 거리낌 없이 관계를 정리해야 한다. 일반적으로 부모자식 관계는 친구관계보다 깊다. 그래서 "피가 섞인 부모자식 사이인데 심하다."라는, 죄악감을 자극하는 말로 관계를 이용하기 쉽다. 이런 부모자식 관계에 얽혀 피폐해진 사람이 많은데, 관계에 얽매일 필요는 없다. 호적상의 관계를 끊어버릴 수는 없지만 그것은 어디까지나 서류상의 일이다. 집을 나가 연락을 끊어버리면 부모와 자식이라도 관계를 청산할 수 있다.

적당한 거리를 유지하기 위해 필요한 것

　친구 사이처럼 사적인 관계의 어려움은 자신의 의사로 해소하는 것이 가능하다. 문제는 직장에서의 인간관계다. 같은 직장에 다니면 얼굴을 안 부딪칠 수 없고, 업무상 대화가 필요한 경우도 많다. 상대가 위험인물이라고 해서 접점을 갖지 않는 것은 불가능에 가깝다.

　직장에 피해자인 척하는 사람이 있을 때 취할 수 있는 전략은 한 가지다. 필요한 최소한의 경우 이외는 접점을 만들지 않는다. 이를 철저히 하는 수밖에 없다. 예를 들어, 관계를 좋게 하려고 잡담을 하는 것은 피해야 한다. 특히 주의해야 하는 것은 사생활에 대한 잡담이다.

　"요즘 부인은 안녕하신가? 가족을 위해서 제대로 결과를 내야지."

부하직원과 잡담하며 별생각 없이 이렇게 묻기만 해도 그것이 피해자인 척하기의 구실을 만들어줄 수도 있다. 사실 부하는 가정불화로 스트레스를 받고 있을지 모른다. 그럴 때 아내 이야기를 꺼내면 '부부싸움이 끊이지 않는 것은 상사가 야근을 시켜 퇴근 시간이 늦어지기 때문이다. 야근을 시키는 장본인이 잘난 척 설교하다니 용서할 수 없다!'라고 생각하게 하는 불씨를 만들 수 있다.

사적인 이야기는 인간관계의 윤활유가 될 수 있지만 동시에 위의 예처럼 위험을 갖고 있다. 기본적으로 업무와 관계없는 이야기이므로 하지 않아도 일에 지장이 생기지 않을 것이다.

일과 관련된 잡담도 가능한 한 피해야 한다. 가령 '누가 출세했다' 하는 종류의 인사人事 화제는 분위기를 돋우지만, 민감한 부분도 있어서 웃으면서 들어도 내심 상처를 입는 사람이 있을 수 있다. 그런 일로 사람의 원한을 사는 것은 어리석다. 일에 관련된 이야기라도 불필요한 말은 하지 않는 것이 좋다.

피해자인 척하는 사람과의 커뮤니케이션은 회의 등의 공식적인 자리에서 하는 것이 기본이다. 그 외에는 최대한 접점을 갖지 않는 것이 좋다. 꼭 말해야 할 필요가 있다면 메일로 용건만 간단하게 한다. 술을 마시며 친목을 다지는 퇴근 후 술자리는 물론, 직장에서의 가벼운 대화도 피하는 것이 무난하다.

주의해야 할 것은 피해자인 척하는 사람이 아닌 사람들에 대한 태도다. 피해자인 척하는 사람하고만 접점을 줄이고 다른 사람과는 퇴근 후 술자리를 갖는 등 다르게 소통을 하면 피해자인 척하는 사람은 어떻게 느낄까? 분명 소외감을 느껴 자신만 따돌린다며 피해자 의식을 키우게 될 것이다. 접점을 줄이는 것은 공격 재료를 주지 않기 위해서인데 이래서는 접점을 줄이는 의미가 없다.

피해자인 척하는 사람과의 접점을 줄일 때는 피해자인 척하는 사람만 특별히 멀리하는 게 아니라는 체제를 만들기 위해서 다른 사람과도 적절한 거리를 유지하자. 가까이하기 어려운 사람이라는 인상을 줄 수 있지만, 회식에 참석하지 않아도 일은 할 수 있다. 신뢰감은 성실한 근무 태도와 결과를 남기는 것으로 얻으면 된다.

피해자 의식은 특별한 사람만 갖는 특수한 감정이 아니다.
누구나 일상의 사소한 일에서 느끼는
극히 일반적인 감정이다.
지금까지 피해자인 척한 적 없는 사람도
피해자 의식이 폭발해 누군가를 공격하게 될 가능성이
전혀 없지 않다.

내가 하면 무슨 짓을 해도
괜찮을 거란 착각에 대하여

: 괴물이 되지 않기 위해 스스로를 통제하는 기술

Chapter 6

내 안에 숨어 있는
피해의식을 다루는 연습

사람은 누구나
피해의식을 느낀다

'피해자인 척하는 사람들은 특수한 존재다. 평범하게 생활하는 나는 피해자인 척하는 사람에게 피해를 당하는 일은 있어도 거꾸로 내가 피해자인 척하는 경우는 없다.'

만일 이렇게 생각한다면 인식을 바꾸는 것이 좋다. 피해자 의식은 특별한 사람만 갖는 특수한 감정이 아니다. 누구나 일상의 사소한 일에서 느끼는 극히 일반적인 감정이다. 지금까지 피해자인 척한 적 없는 사람도 피해자 의식이 폭발해 누군가를 공격하게 될 가능성이 전혀 없지 않다.

나 자신도 별것 아닌 일에 피해자라고 느낄 때가 있다. 예를 들어, 패밀리 레스토랑에 갔을 때 호출 벨을 눌렀는데 직원이 오지 않거나, 내가 먼저 주문했는데 다른 손님의 음식이 먼저 나오면 '공정하지 못한 대접을 받는 게 아닐까?'

하고 짜증이 난다.

어른이니까 갑자기 떠오른 생각이나 감정을 직접 표현하지는 않는다. 냉정해지면 화가 가라앉고, 화가 가라앉지 않아도 고작해야 마음속으로 욕하는 정도다. 그러나 자신 안에 솟아난 이 감정이 피해자 의식인 것은 부정할 수 없다.

아마 많은 사람이 비슷한 경험을 했을 것이다. 2장에서 지적했듯이 오늘날에는 빈부격차가 벌어지고 서비스업 종사자의 비율이 증가한 탓에 사람들이 피해자 의식을 갖기 쉽다. 피해자 의식을 갖는 것 자체는 지극히 보편적이고, 많은 사람은 그 의식을 통제해 '피해자인 척하는 사람'이 되는 것을 막는 것뿐이다.

'지금까지 통제할 수 있었으니까 앞으로도 괜찮다.'라는 생각도 위험하다. 시대가 바뀌면서 피해자인 척하는 사람이 눈에 띄게 되었듯이 앞으로 자신을 둘러싼 환경이 바뀌면 참을 수 없을 만큼 큰 피해자 의식을 갖게 될 가능성을 부정할 수 없다.

한편, 노화가 피해자 의식에 박차를 가하는 경우도 있다. 한 80대 남성은 치매에 걸려 똑같이 80대인 아내에게 폭력을 휘두르게 되었다. 치매에 동반되는 환각으로, '아내에게 매일 밤 남자가 찾아온다. 나 몰래 바람을 피운다.'라는 같은 질투 망상을 갖기 시작했기 때문이다.

이 남성의 경우 치매가 원인이지만 치매가 아니어도 노화와 함께 질투 망상을 갖기 시작하는 남성이 적지 않다. 나이가 들면 누구나 성적 능력이 떨어진다. 이들은 아내를 만족시킬 수 없게 되었다는 불안에서 질투 망상을 품어 아내를 공격한다.

가정 내 이야기만이 아니다. 중장년이 되면 젊을 때처럼 몸을 움직일 수 없어서 스트레스를 받는 기회도 늘어난다. 옛날에는 자신보다 위의 세대나 같은 세대가 사회의 중심이었는데 어느 사이에 자신보다 젊은 세대가 중책을 맡아 자신에게 대등하게 말을 한다.

중장년은 지금까지 쌓아온 것이 있는 만큼 자존심이 강하다. 풋내기에게 무시하는 말을 듣는 것도 매해 견딜 수 없게 된다. 시간이 지나면 외부 환경은 변화하고 자신의 몸과 의식도 변화한다. '지금까지 피해자 의식을 누르고 살았기 때문에 앞으로도 똑같이 통제할 수 있다.'라는 방심은 큰 적이다. 자신도 언젠가 피해자인 척하는 사람이 될 수 있다는 사각을 가져야 한다.

○─ 감정을 제어할 수 있다는 착각

본래는 객관적으로 상황을 분석할 수 있는 두뇌를 가진 사람도 감정 억제가 제대로 되지 않을 때가 있으므로 주의해야 한다. 일본에서 유명해진 사례가 있다. 도요타 마유코豊田眞由子 라는 전 중의원 의원은 비서에게 퍼부은 폭언과 폭력이 드러나 자민당을 탈당하고 결국 선거에도 낙선했다. 그는 자동차를 운전한 비서에게 뒷좌석에서 멍청하다고 욕을 하며 머리를 여러 차례 때렸다. 그리고 이후에 쓴 수기에서 이런 행동을 하게 된 배경에 대해 다음과 같이 말했다.

"나는 이번처럼 질책한 적은 지금까지 절대 없었는데, 안타깝게도 그 비서는 수차례 '일부러 저러는 게 아닐까?' 싶을 만큼 실수를 반복했다. 부탁한 일에 대해서 했다고 거짓말하고, 직전이 되어서야 하지 않았다고 말한 적도 여러 번 있었다."(《문예춘추》 2017년 10월호, '도요타 마유코 의원 독점 고백')

즉, 원래 자신은 비서의 무능함으로 애먹은 피해자로, 폭언과 폭력은 거기에 참지 못한 결과였다는 것이다. 이것은 피해자인 척하는 사람의 전형적인 변명이다. 유권자들도 그 부분을 알아챈 듯하다. 다음 선거에서 도요타 마유코의 득표수는 크게 줄어 선거구에 입후보한 다섯 명의 후보자 가운데 최하위였다.

주목해야 할 것은 그의 경력이다. 일본에서 가장 인기 있는 3대 여자 사립중·고교 중 한 곳인 오인桜蔭 학원을 다녔고, 대학은 도쿄대 법학부를 졸업했다. 졸업 후에는 후생성에 들어갔고, 후에 하버드대 대학원에서도 유학했다. 나무랄 데 없는 경력으로 그야말로 재원이다.

이 정도 학력을 가진 사람이면 매사를 논리적으로 생각할 수 있을 것 같다. 폭언을 내뱉고 폭력을 휘두르면 어떤 위험이 있을지 계산하지 못할 리 없다. 그런데 그녀는 '피해를 입었다면 폭언을 하고 폭력을 휘둘러도 된다.'라고 착각해 난폭해지고 말았다. 머릿속으로는 그런 행동이 위험하다는 것을 이해했을지 모르지만 통제하지 못한 것이다.

그가 난폭해진 것은 정신적인 '유아성 幼兒性'이 완전히 사라지지 않았기 때문일 것이다. 정신적 유아성이 강한 사람은 눈앞의 현실을 받아들이지 못하고 자기 형편에 맞게 해석한다. 즉, '현실 부인'이다.

그녀는 폭언과 폭력이 초래할 위험을 분명히 인식했을 것이다. 그러나 한편으로는 그 유아성 때문에 폭언과 폭력의 위험성을 부인하며 자신은 무슨 짓을 해도 용서받는다고 착각하기도 했다. 이런 착각은 머리가 좋은 정도와는 무관하다. 보통은 매사를 합리적으로 생각할 수 있는 사람도 때로 감정을 통제할 수 없게 되어 피해자인 척하는 경우가 있다. '나는 바보가 아니니까 괜찮다.'라고 생각하는 사람도 스스로 경계해야 한다.

○─ 화를 다음 날로 미뤘을 때는 무엇을 할까

만일 피해자 의식이 스멀스멀 머리를 쳐들면 어떻게 대처해야 할까. 기본적으로 **냉정함을 되찾아 객관적으로 상황을 재확인하는 것**이 중요하다.

먼저 자신이 '피해'라고 생각하는 일을 주위에서 봤을 때도 피해라고 말할 수 있는지, 어떤 피해가 있다고 해도 불만을 말할 정도의 것인지 생각해봐야 한다. 여기서 다른 사람들의 견해와 어긋나면 피해를 호소한 측이 클레이머 claimer(기업의 상품이나 서비스에 불평을 제기하는 사람-옮긴이)로 취급당한다.

결과를 예측하는 것이 중요하다. 피해를 주위에 호소하면 상황이 개선될지, 오히려 이쪽의 입장이 나빠질 가능성은 없는지, 또, 호소해도 방식이 틀려 주장을 인정받지 못할 가능성은 없는지 따져본다. 피해를 호소하는 것은 그런 의문을 하나하나 검증한 후에 해도 늦지 않다.

결과를 예측한 후에 자신에게 이득이 없다고 판단되면 행동에 제동을 걸기 쉽다. 스포트라이트형이나 리벤지형인 사람은 그래도 난폭해질 위험이 있지만 이득이 목적인 메리트형에게는 특히 효과적이다. 문제는 머리로 피가 솟구칠 때 어떻게 냉정함을 되찾느냐다.

내가 실천하는 방법은 **숫자 세기**다. 가령 접객에 불만을 느껴 불평하고 싶으면 뭔가 말하기 전에 일단 속으로 '1, 2, 3, 4……' 하고 숫자를 센다. 돌발적인 화는 그것을 느낀 순간이 최고점이 된다. 이후에는 시간이 지날수록 화의 정도가 낮아진다. 숫자를 세는 것은 시간을 벌기 위해서다. 몇 초라도 시간을 가지면 화의 에너지가 최고 상태에서 서서히 감소한다.

시간을 버는 동안에는 가능한 한 머리를 사용하는 것이 좋다. 논리적 사고나 계산을 하면 뇌의 전두엽 작용이 활발해져 이성적으로 생각할 수 있다. 그렇다고 화가 치솟은 순간에 퀴즈를 풀 여유는 없다. 그래서 간단하게 숫자를 세는 것이다.

보통 화를 느꼈을 때는 6초를 센 후 행동하는 것이 좋다고 하는데 나의 경우 6초로는 부족해서 10초를 센다. 빠르게 세는 것은 의미가 없기 때문에 심호흡을 한 다음 의식적으로 천천히 센다. 그렇게 하면 피해자 의식 자체가 사라지는 경우가 많다. 가령 참지 못하고 피해를 호소해도 풍파가 일지 않게 이성적인 어투로 말할 수 있다.

"내가 먼저 음식을 주문했는데 왜 다른 손님 것이 먼저 나옵니까!"라고 화를 내는 것이 아니라 "죄송하지만 음식 주문이 제대로 됐는지 확인하고 싶은데요, 아까 오므라이스를 시켰거든요."라고 말하면 점원도 화를 내지 않는다. 빨리 음식을 먹는 것이 목적이므로 후자의 표현으로 충분히 목적은 달성할 수 있다.

❖ ❖ ❖

돌발적으로 화가 났지만 어떤 사정으로 당장 상대에게 화를 터뜨리지 못하는 상황도 있다. 가령 상대가 눈앞에 없고 다음 날이 되어야 연락이 된다거나 회의 중 많은 사람 앞에서 창피를 당했지만 그 자리에서는 발언권이 없어 아무 말도 하지 못한 경우를 생각할 수 있다.

이런 경우도 가능한 한 시간을 버는 것이 화의 에너지를 낮출 수 있다. 프리랜서로 일하는 지인은 한 거래처로부터 영업상 비밀을 외부에 누설하지 않았냐는 엉뚱한 의심을 받았고, 그런 기억이 전혀 없어서 당연히 화가 났다. 동시에 '적은 보수로 일을 맡았는데 생트집을 잡다니!' 하고, 처음엔 납득했던 계약 내용까지 불만스럽게 느꼈다. 참을 수 없었던 지인은 결백을 주장하며 계약 파기를 비치는 내용의 메일을 썼다. 보내면 충돌이 일어날 것이 분명한 메일이었다.

그러나 지인은 메일을 바로 보내지 않고 다음 날까지 처음 쓴 상태 그대로 방치했다. 하룻밤 지나 다시 읽어보니 자신이 감정적이었다는 것을 깨달았다. 영업상 비밀을 누설하지 않았다는 것은 정확히 알려야 하지만 그 문제와 관계없는 부분까지 불평하는 것은 지나치게 피해자인 척하는 행위다. 거기까지 생각이 미치자 문장을 정중히 고쳐 써서 메일을 보낼 수 있었다. 그 결과 오해는 풀렸고 지금도 업무상 관계를 유지하고 있다.

돌발적인 화를 상대에게 바로 터뜨릴 수 없을 때는 오히려 기회라고 생각하자. 한시라도 빨리 터뜨리는 것이 아니라 시간을 자기편으로 만들어 냉정함을 되찾는 것이다.

냉정함을 되찾기 위해 내가 추천하는 것은 **손을 움직이는**

너와 있으면
나만 나쁜 사람이 되는 것 같아

작업이다. 예를 들어, 장난감 조립, 요리, 뜨개질 등이다. 나는 하지 않아서 모르지만 휴대전화로 게임을 하는 것도 좋을 수 있다. 손가락을 사용하는 작업은 단순히 숫자를 세는 것보다 훨씬 머리를 사용한다. 장난감 조립이나 요리도 공정이 복잡해 집중력을 요구한다는 점에서 좋다. 멍하니 있으면 피해를 당한 일을 자꾸 떠올려 화의 감정을 재생산할 수 있는데, 뭔가 작업에 몰두하면 무익한 생각을 할 여유가 없어져서 피해당한 경험을 반추하지 않게 된다.

자신이 받은 피해에 대해 생각할 필요가 있다면 이 시간을 이용해 **제삼자의 의견을 들어보는 것**이 좋다. 자신은 피해자라고 생각하지만 객관적으로 보면 그렇지 않은 경우도 많기 때문이다.

의견을 묻는 상대는 짐작해 판단하기 쉬운 관계자보다 이해관계가 없고 사정도 잘 모르는 외부인이 가장 좋다. 또, 이쪽의 생각을 헤아려서 듣기 좋은 말을 해주는 상대는 좋지 않다. 사실은 과잉 반응일 가능성이 있는데도 이쪽의 얼굴색을 살펴서 정확히 지적해주지 않는다면 의논한 것이 오히려 부정적으로 작용할 것이다.

구체적으로는 부하나 연하의 친구, 자녀 등 자신의 영향을 강하게 받는 사람이 아니라 상사나 선배, 부모 등 거리낌 없이 따끔하게 지적해줄 수 있는 입장에 있는 사람에게 의견을 묻는 것이 좋다. 회사 밖에 신뢰할 수 있는 멘토(조언자)가 있으면 이상적이다. 언제든지 상담할 수 있도록 평소에 관계를 쌓아두자.

화를 억누르는
사고법

　화를 억누르는 사고법에 대해서도 말해보고자 한다. 나는 누군가에게 호되게 당하면 상대에 대해 이렇게 생각한다. '그런 못된 사람은 어차피 오래가지 않아 자멸할 거야.'

　피해를 당하면 가해자에게 복수하고 싶어진다. 그러나 실제로 직접 복수하면 이번에는 이쪽이 가해자가 되어 상대에게 '정의'라는 이름의 강력한 무기를 주게 된다. 그래서 보통 직접 손을 쓰지 않는다. 그렇다고 주위를 부추겨서 복수하는 것은 교활하고, 그렇게 복수하더라도 양심의 가책을 느낄 것이다. 그렇다면 어떻게 해야 할까?

　'그 사람의 못된 짓은 하늘이 알고 있으니 언젠가 벌을 내릴 거야.'라는 식으로 생각하고 **복수를 커다란 존재에게 맡긴다.** 맡기는 상대는 신 같은 영적인 존재도 좋고, 자연이나 우주의 법칙, 혹은 사회나 세상도 좋다. 결국 압도적인 힘을 가진 것에 판결을 맡기는 것이다. 그렇게 하면 실제로 벌이 내려졌다 싶은 상황이 될 때가 있다.

예를 하나 들어보자. 나는 옛날부터 큰아버지 가족을 싫어했다. 큰아버지는 구제중학교(1947년 학교교육법이 시행되기 전 중등교육을 실시했던 학교. 학교교육법 시행 후는 고등학교로 이행했다.-옮긴이)를 졸업하고 일류 기업에서 근무했는데 그것을 자랑으로 여겼다. 큰어머니는 명문 집안 출신으로 시동생인 나의 아버지와 동서인 어머니를 깔보았다. 어머니는 그 때문에 생긴 콤플렉스로 후에 나를 괴롭히게 된다(어머니와 나의 관계에 대해서는 이후에 소개한다).

나에게 큰아버지 가족은 간접적인 가해자로, 만나면 늘 불쾌했다. 언젠가 복수해주고 싶었지만 더 이상 관계하는 자체가 싫었다. 그렇게 생각하고 신경 쓰지 않았는데 큰아버지네 집안에 차츰 불행한 일이 이어졌다. 큰아버지는 병으로 오래 고생하다 돌아가셨고 큰어머니는 치매를 앓아 차마 볼 수 없을 만큼 초라해졌다. 큰아버지의 아들, 즉 나의 사촌은 큰아버지와 같은 유명 기업에 근무했는데 그 기업이 쇠락하는 바람에 조기 퇴직했다.

솔직히 속이 후련했다. 나의 어두운 부분을 털어놓은 것 같아서 창피하지만 이것이 본심이다.

몇 가지 주석을 더해두자. 우리 부모를 괴롭힌 큰아버지 집안의 언행과 지금 현재의 몰락에 과학적인 인과관계는 없다. 과학자의 시점에서 보면 단순한 우연에 불과할 것이다. 또, 원래 병사나 치매가 어떤 '벌'이라는 위험한 사고방식을 일반화할 생각도 없다. 예를 들어, 지금 치매에 걸린 사람이 과거에 어떤 나쁜 짓을 했기 때문에 치매에 걸린 것은 아니다. 그런 점은 명확히 해두고 싶다.

단지 자신의 답답한 마음을 정리하는 방법으로 '인과응보다. 나쁜 짓을 하면 다른 형태로 돌아온다.'라고 생각하는 것은 효과가 있다. 마음속에서 그렇게 처리함으로써 보복하고 싶은 기분이 억제되어 평화롭게 일을 해나갈 수 있다.

이때 정말 인과응보가 일어날지는 아무래도 좋다. 화가 치미는 상사가 있으면 '어차피 저 사람은 출세하지 못할 거야.'라고, 폭언을 하는 고객이 있으면 '이 사람은 다른 곳에서 말썽을 일으켜 호된 꼴을 당할 거야.'라고 생각해서 자신의 화를 진정시키면 된다. '~했으면 좋겠다.' 하는 바람일 수 있지만 그렇게 생각함으로써 피해자 의식을 억제할 수 있다.

○─ 하루에 한 번,
화를 쪼개서 낸다

　돌발적으로 치솟는 화를 억누르는 것만큼 평소에 화를 잘 다스리는 것도 중요하다. 스트레스를 많이 받는 생활을 하면 화가 축적된다. 화를 쌓아둔 채 지내면 사소한 일에 화가 경계점을 넘어버려 피해자 의식이 날뛰기 시작한다. 그렇게 되지 않게 일상적으로 화의 총량을 통제할 필요가 있다. 쉽게 말해 **스트레스를 일찌감치 발산해서 화를 텅 빈 상태로 해두는 것**이다.

　스트레스 발산에는 운동이 좋다. 몸을 움직이는 동안은 불쾌한 생각을 하지 않는다. 땀과 함께 부정적인 감정을 씻어낼 수 있다. 화에서 유래하는 파괴적인 충동도 마음껏 공을 차고 샌드백을 두드리는 것으로 발산할 수 있다. 가능한 한 땀을 흘리는 것이 좋은데, 어렵다면 산책 등의 가벼운 운동도 괜찮다.

화에 대한 이야기에서 살짝 벗어나는데, 마음과 몸에는 밀접한 관계가 있다. 가령 우울증은 '마음의 감기'로 불리지만, 우울증에 걸리면 마음뿐 아니라 몸의 에너지도 떨어져 몸을 움직이는 것이 귀찮아진다.

몸을 움직이는 것을 이용한 치료 방법도 있다. 먼저 아침 일찍 일어나 햇볕을 쬔다. 그리고 10~30분이라도 집 밖을 걷는다. 처음에는 그것조차 할 수 없는 사람이 많다. 그래도 조금씩 몸을 움직이면 마음이 건강해진다. 그렇게 우울증에서 벗어날 수 있다.

사무실에서 근무하며 몸을 거의 움직이지 않는 사람은 역에서 집까지 멀리 돌아서 가는 등의 방법으로 조금이라도 운동 부족을 해소하자. 몸이 건강하지 않으면 마음도 영향을 받기 쉽다. 평소에 몸의 근력과 민첩성을 키워두면 화에 사로잡히지 않는 상태를 유지할 수 있다.

❖ ❖ ❖

화를 쌓아두지 않기 위해 차라리 무리하지 않고 화를 내버리는 방법도 있다.

시인이며 극작가인 데라야마 슈지寺山修司는 '일일일노一日一怒'를 주장했다. 화는 배설물과 같아서 밖으로 내보내지 않으면 체내에 쌓일 뿐이다. 그러니 매일 화장실에 가는 것처럼 매일 한 번은 화를 표출해 화의 변비 상태에서 벗어나자는 것이다.

그 전제로, 우선 자신이 성인군자가 아님을 인정해야 한다. 마음이 좁아서 보통 사람처럼 화를 낼 수도 있다. 그것을 인정하지 않으면 화를 내는 것은 나쁘다는 사고방식에 사로잡혀 화를 낼 수 없게 된다. 하지만 자신은 화를 완전히 통제할 수 없는 평범한 사람이라고 생각하면 부담 없이 화를 낼 수 있게 된다.

그러나 화를 내는 방법에는 주의해야 할 필요가 있다. 화를 쪼개서 낸다 해도 24시간 내내 기분이 언짢은 사람과는 아무도 가까이하고 싶지 않을 것이다. 화를 쪼개서 내는 것은 화를 폭발시켜 주위에 폐를 끼치는 사태를 막기 위해서다. 화를 쪼개서 내는 방법을 착각해 주위와 충돌이 생기는 것은 주객전도다.

구체적으로 설명하자면 사람에게 화를 발산해서는 안된다. 가령 직장에서 느낀 화를 가정에서 배우자나 자식을 향해 화풀이하면 가정의 붕괴로 이어진다. 또, 음식점 같은 곳에서 일하는 직원을 스트레스를 발산할 대상으로 하는 것도 좋지 않다. 뜻하지 않은 말썽으로 발전할 수 있고, 무엇보다 사람으로서 정당하지 않다.

사람을 향해 화를 내지 못하면 무엇을 향해 내야 할까? 간단하게는 **물건을 상대로 하는 방법**이 있다. 물론 공공 기물을 파괴한다는 의미는 아니다. 운동에 대해 설명할 때 언급했는데, 화가 치미는 상대의 얼굴을 떠올리면서 샌드백을 치면 속이 꽤 시원해지지 않을까.

이렇게 활동적인 것이 싫다면 **일기 쓰기**를 추천한다. 오늘 느낀 화를 있는 그대로 일기에 적는다. 자신만 읽을 수 있다는 것이 전제이므로 화가 나는 상대의 험담을 써도 상관없다. 오히려 얼굴을 마주하고는 할 수 없는 말을 '이때다!' 하고 내뱉는다. 거리낌 없이 온갖 욕설을 쓰는 것으로 마음이 가벼워질 것이다. 일기를 쓰는 것은 역시 밤이 좋다. 일단 전부 내뱉어버리면 그 후는 기분 좋게 잠들 수 있다. 짜증이 나서 안절부절못하는 상태로 잠자리에 드는 것보다 건전하다.

주의해야 할 것은 **험담을 SNS에 올리지 말아야 한다**는 것이다. SNS에 남을 험담하는 글을 쓰면 일기에 쓰듯이 속이 시원할 수도 있다. 그러나 문제는 그 후다. 익명이라 아무도 모를 거라고 생각하지만 상황으로 짐작해 자신과 상대의 신원을 알아낼 우려가 있다. 또, 신원이 발각되지 않더라도 과격한 내용이라고 악성 댓글이 많이 달릴 위험도 있다.

인터넷 세계에서 부정적인 발언을 하면 유유상종이라고 부정적인 에너지가 넘치는 사람이 모여든다. 이들이 하나가 되어 험담을 해주면 그나마 낫지만 "어른답지 못하다."라거나 "잘못한 것은 당신이다."라는 식의 댓글이 달리면 차마 눈 뜨고 볼 수 없다. 속이 시원해질 것을 기대하고 썼는데 오히려 피폐해질 뿐이다.

화를 글로 표현한다면 닫힌 세계에서만 하는 것이 좋다. 모바일 메신저로 특정 상대한테만 푸념을 털어놓는 방법도 있는데 유출될 우려가 전혀 없는 것은 아니다. 부디 조심하자.

○— 나를 구원할 수 있는 사람은
  나뿐이다

충동적인 화는 일단 가라앉았지만 화의 원인이 된 근본적인 문제는 여전히 해결되지 않은 채 마음속에서 부정적인 감정이 부글부글 끓는 경우도 있을 것이다. 그렇다면 화의 양을 조절하기보다 화의 에너지 방향을 전환하는 것은 어떨까?

예를 들어 학력 콤플렉스가 있는 사람이 부정적인 감정을 발판으로 사업을 해서 성공했다는 벼락부자 스토리를 들어본 적 있을 것이다. 그와 마찬가지로 **강한 피해의식을 긍정적인 방향으로 나아갈 수 있는 에너지로 바꾸는 것**이다.

여기서 나와 어머니의 이야기를 하려고 한다. 나는 어머니 때문에 인생이 뒤틀린 피해자라고 생각했다. 어느 시기까지 그렇게 믿었다. 오랜 시간 동안 그 때문에 괴로웠는데 어머니에게 복수하고 싶다는 부정적인 감정을 원동력으로 이전에 품었던 꿈을 지금 실현하고 있다. 내가 어떤 심경의 변화를 체험했는지 적나라하게 말하면 화의 감정에 사로잡힌 사람에게 참고가 될 것이라 생각한다.

나는 히로시마에서 태어났고 부모님도 히로시마 출신이다. 어머니는 어릴 때 외할머니가 돌아가셔서 새어머니 밑에서 자랐는데 학교성적이 우수해 현縣 밖의 일류 국립대학을 목표로 할 수 있을 정도였다. 그런데 새어머니가 학비 대주는 것을 주저해 결국 히로시마대에 진학할 수밖에 없었다.

히로시마대도 충분히 좋은 대학이다. 하지만 고등학교 때 자신보다 성적이 낮았던 친구가 오사카대 의학부나 오차노미즈여대 お茶の水女子大學(도쿄에 있는 국립여자대학-옮긴이)에 진학한 것이 어머니의 마음에 걸려 있었던 모양이다.

한편 나는 문학소녀로, 장래에 작가나 신문기자가 되려는 꿈을 갖고 있었다. 대학의 희망 학부도 당연히 문학부였다. 그런데 어머니는 나의 진로를 멋대로 결정했다. 오사카대 의학부 이외에는 지원하지 못하게 했다. 고등학생이던 나는 "그게 너를 위해서 좋다."라는 어머니에게 아무 말도 할 수 없었다. 미련이 남았지만 서둘러 이과 공부에 주력해서 어머니가 바라는 대로 오사카대 의학부에 들어갔다.

나에게는 세 살 터울의 여동생이 있는데 동생 역시 어머니의 희망대로 오차노미즈여대에 진학했다. 내게는 오사카대 의학부를 강요하더니 여동생은 왜 오차노미즈여대였을까? 당시에는 특별히 의문을 품지 않았는데 어느 날 어머니가 "고등학교 때 나보다 성적이 나빴던 반 친구들이 오사카대 의학부와 오차노미즈여대에 진학한 것이 분했다."라고 말하는 것을 듣고 모든 것이 이해가 되었다. 어머니는 현 밖의 대학에 보내주지 않은 것에 분노를 느껴서 자식들을 각각 오사카대 의학부와 오차노미즈여대에 보내는 것으로 새어머니와 반 친구들에게 복수하려 한 것이다.

어머니가 복수하고 싶었던 상대는 또 있었다. 나의 친할머니와 큰아버지 가족, 즉 어머니의 시어머니와 시아주버니 가족이다. 어머니는 할아버지, 할머니와 한집에서 살면서 시집살이를 했다. 할머니는 사사건건 어머니를 구박했고, 가끔 찾아오는 큰어머니는 자신의 출신을 내세우며 어머니를 깔보았다. 어머니의 자기부전감自己不全感('나는 무능하다'라는 생각-옮긴이)은 남편의 가족과 교류하면서 더욱 강해진 것 같다.

사실 나의 사촌은 3수를 했는데도 결국 의학부 진학에

실패했다. 그러니 내가 의학부에 합격하면 할머니와 큰어머니의 코를 납작하게 만들 수 있다는 것도 내게 의학부를 강요한 이유 중 하나였다. 어머니는 나에게 "의학부를 권한 것은 네 장래를 생각해서다."라고 말했다. 그러나 사실은 자기부전감을 떨쳐내는 것이 목적이었다. 그런 일을 위해서 나의 꿈을 포기하게 만든 것이다.

이후에는 내가 피해자 의식을 키울 차례가 왔다. 내가 어머니의 이기적인 생각의 희생자라는 사실을 알게 된 후 모녀관계는 악화되었다. 정면으로 거절하지는 않았지만 어머니의 말에 내막이 있다고 의심하기 시작했고, 어머니의 통제에서 벗어나기 위해 조금씩 거리를 두게 되었다. 어머니는 나에게 "고향에 돌아와서 개업해라."라고 권했는데 그것도 거절했다. 그전까지 부모의 말을 한 번도 거스르지 않았기 때문에 어머니는 아마 당황했을 것이다.

그 무렵 나는 피해자 의식으로 똘똘 뭉쳐 있었다. 그대로 화를 품은 채 우울하게 살았다면 틀림없이 힘든 인생이 되었을 것이다.

상황이 바뀐 것은 의사의 길에서 큰 좌절을 경험하고서다. 이 경험은 다른 기회에 자세히 말하고 싶은데, 아무튼 나는 다시 자신의 인생을 살자고 결심해 교토대 대학원 인간·환경학 연구과에서 다시 공부를 시작했다.

거기서부터 일이 순풍에 돛 단 듯 풀린 것은 아니다. 학자로 살고 싶었지만 명문 대학에서 일을 얻기는 어렵다. 그래서 대학에서 교편을 잡으며 책을 쓰기 시작했다. 감사하게도 차츰 책이 팔렸고 정신과 의사와 대학교수 일보다 오히려 집필 일이 바빠졌다. 어릴 적 가졌던 작가의 꿈은 우여곡절 끝에 이루어졌다.

그 사이에 피해자 의식이 사라진 것은 아니다. 자신 안에 화의 감정이 있다는 것은 늘 의식했다. 단, 화의 에너지를 어머니에게 직접 보이지 않고 연구와 집필로 돌렸다. 어머니의 꼭두각시가 아니란 것을 보여주기 위해 어떻게든 그쪽에서 결과를 내려고 노력했다.

이것은 형태를 바꾼 어머니에 대한 복수다. 나는 발간된 책을 모아 어머니에게 보낸다. '나는 나의 인생을 살고 있다.'라는 것을 보여주기 위해서인데, 지금도 하고 있으니 나도 상당히 집념이 강한 사람이다.

그리고 이 복수는 누구에게도 폐를 끼치지 않는다. 어머니는 딸이 자신의 지배를 벗어났다고 생각해 허전해할지 모르지만, 자식이 부모 품을 떠나는 것은 당연한 일이고 지금까지 잘못된 것을 정상으로 돌려놓은 것뿐이다.

나의 책이 많은 사람에게 읽혀 사회에 나름 공헌했다는 자부심도 있다. 나를 움직이게 한 것은 부정적인 감정이지만 그 에너지를 이용해 내 인생과 사회를 다소나마 긍정적인 방향으로 나갈 수 있게 했다.

피해자 감정을 완전히 지우기는 어렵다. 그렇다면 화의 에너지가 향하는 방향을 바꿔보면 된다. 가해자에게 직접 복수하거나 대상의 치환으로 약한 상대에게 화를 터뜨리는 것이 아니라 화를 앞으로 나아가기 위한 연료로 삼는다. 그렇게 하면 화의 연쇄가 끊어지고 자신도 구할 수 있지 않을까.

너와 있으면
나만 나쁜 사람이 되는 것 같아

Chapter 7

타인을 심판하고 싶어 하는 사람들의 딜레마

○— 언제든 피해자인 척
돌변할 수 있다

피해자인 척하는 사람이란, 꼭 피해자라고는 할 수 없는데 피해를 당했다고 거짓말을 하거나 당한 피해를 과하게 강조해서 누군가를 공격하려는 사람을 말한다. 그런데 이 정의에 딱 들어맞지는 않지만 내가 피해자인 척하는 사람과 거의 같은 방법으로 분석해온 사람들이 있다. 자신이 피해를 당했다고 느꼈을 때 그 화를 치환에 의해 '전혀 관계 없는 제삼자'에게 터뜨리는 사람들이다. 그들이 화의 치환으로 타깃으로 삼는 대상은 두 가지다.

하나는 가까이 있는 '자신보다 입장이 약한 사람'이다. 상사에게 질책을 당했을 때 자신의 부하에게 화풀이하거나 밖에서 받은 스트레스를 집에 돌아가 자식에게 푸는 것이 전형적인 예다.

또 다른 타깃은 TV나 인터넷의 뉴스 등에서 볼 수 있는 사건의 '가해자 측에 있는 사람'이다. 자신이 그 사건에 직접 관련된 것은 아니지만 '진짜 피해자'에 가세해 대신 가해자를 고발하거나 규탄하며 벌을 주려고 한다.

떠올리기 쉬운 것이 물의를 일으킨 인물이나 기업을 비난하는 사람들이다. 이들은 '정의'라는 무기를 갖고 있는 데다 사건과는 직접적인 관계가 없어서 뚜렷한 잘못이 없다. 그래서 상대로부터 반격당할 위험이 적다. 마치 재판관이 된 것 같은 기분일 것이다. 그런 의미에서 이 책에서는 후자인 사람들을 '타인을 심판하고 싶어 하는 사람'이라고 부른다.

타인을 심판하고 싶어 하는 사람들은 절대 스스로를 피해자라고 말하지 않는다. '자신이 받은 피해를 날조·위장해 주장하는 사람'인 피해자인 척하는 사람과는 거리가 있는 존재다.

그러나 실제로는 이들도 강한 피해자 의식을 갖고 있어서 피해자 의식에 동반하는 화나 욕구불만을 해소하기 위해서 다른 누군가를 심판해 불만을 씻어내려 한다. 화를 터뜨리는 대상은 다르지만 병의 근본 원인은 양쪽 다 똑같다. 그래서 동일 인물이 어떤 상황에서는 피해자인 척하는

4부
내가 하면 무슨 짓을 해도 괜찮을 거란 착각에 대하여 | 201

사람이 되고 또 다른 상황에서는 타인을 심판하고 싶어 하는 사람이 되는 경우도 드물지 않다. 피해자인 척하는 사람과 타인을 심판하고 싶어 하는 사람을 집합의 원으로 표시하면 두 개의 집합은 상당 부분 겹칠 것이다. 즉, 두 개의 집합에 공통으로 속하는 '교집합'의 요소가 많다.

이 둘은 일란성 쌍둥이와 같다. 그래서 타인을 심판하고 싶어 하는 사람이 있으면 그 사람은 사소한 계기로 피해자인 척하는 사람이 될 수 있다. 만일 자신에게 타인을 심판하고 싶어 하는 일면이 있다면 피해자인 척하는 사람이 되지 않도록 스스로 통제할 필요가 있다. 타인을 심판하고 싶어 하는 사람은 당장 피해자인 척해서 주위에 피해를 주지 않더라도 언젠가 그렇게 될 위험성이 있는 요주의 인물이다.

이번 장에서는 타인을 심판하고 싶어 하는 사람에 대해 좀 더 자세히 분석해볼 것이다. 우선 주위나 자신 안에 있는 '타인을 심판하고 싶어 하는 기분'의 정체를 확인해보자. 타인을 심판하고 싶어 하는 사람은 그 목적에 따라서 다음 세 가지 타입으로 분류할 수 있다.

① 욕구불만형

② 시기형

③ 승인욕구형

하나씩 살펴보자.

○─ 공격할 수만 있다면,
   무자비하게

　타인을 심판하고 싶어 하는 사람은 강한 피해자 의식을 갖고 있다. 왜일까?

　바로 자신을 과대평가하기 때문이다. 타인을 심판하고 싶어 하는 사람은 피해자인 척하는 사람과 마찬가지로 자기애가 강하다. 자기애가 강한 사람은 자신을 과대평가하는 경향이 있다. 그러나 주변 사람은 있는 그대로의 사실을 객관적으로 보고 사람을 평가한다. 그래서 본인과 주위의 평가에 간극이 생긴다.

　피해자인 척하는 사람은 그 간극을 메우기 위해서 "정당하게 평가받지 못하는 것은 누군가의 음해 때문이다."라거나 "정당하게 평가하지 않는 주위 사람들이 나쁘다."라고 말하며 자신의 피해를 호소한다.

반면에 타인을 심판하고 싶어 하는 사람은 피해를 호소하지는 않지만 내심으로는 역시 피해자 의식을 키우고 있어서 정당하게 평가받지 못하는 것에 욕구불만과 화를 느낀다. 그리고 그 울분을 해소하기 위해서 관계없는 사람을 심판하고 싶어 하는 것이 '욕구불만형'이다. 욕구불만형은 울분 해소가 목적이므로 특별히 타깃을 가리지 않는 경우가 많다. 공격할 수만 있다면 상대는 누구든 상관없고, 공격하는 이유도 대개 이후에 더해진다. 일단 공격하고 보는 식이다.

예를 들어 인터넷에는 눈길을 끄는 제목을 붙이고 본문은 제목만큼 과격하지 않은 낚시 기사가 수없이 존재하는데 욕구불만형은 그와 같이 겉만 번드르르하고 알맹이가 없는 기사에 낚여서 내용은 읽지도 않고 갖은 악담을 한다. 악성 댓글 폭주의 원인이 된 문제에 관심이 있는 것이 아니라 일단 누군가를 공격할 수 있으면 그것으로 만족한다.

원인이 된 문제에 관심이 있는 것이 아니라 공격해서 울분을 해소하는 것이 목적인 것은 스모 선수 하루마 후지의 기자회견을 봐도 알 수 있다. 폭행 사건을 일으켰던 그는 잘못을 사죄하며 각계에 은퇴를 표명했다. 그의 사회적 책임은 그 회견에서 결말이 났다. 그런데 일부 시청자는 용서하지 않았다. 회견 때의 태도가 나빴다며 더욱 비난했다.

피해 정도나 사죄할 때의 성의 등의 태도에 따라 다르지만, 보통 사죄를 하면 받아주고 사건을 흘려보내는 것이 일반적인 사회 규칙이다. 또 사죄하며 잘못을 인정하면 다음은 어떻게 책임을 지느냐에 초점이 맞춰진다.

하루마 후지의 경우, 그는 은퇴라는 형태로 책임을 졌다. 만일 아직 논의할 문제가 있다면 은퇴가 책임을 지는 방식으로 타당했나 하는 정도일 것이다. 그러나 타인을 심판하고 싶어 하는 사람들에게 그런 문제는 어찌 되든 상관없었다. 하루마 후지의 사죄는 오히려 비난의 정당성을 보여주는 증거로 받아들여졌다. 이들은 "그 사람은 잘못했다고 스스로 인정했다. 그러니 더욱 공격해도 된다."라며 비난을 가속했다.

이처럼 욕구불만형은 아무튼 사람을 계속 공격한다. 일시적으로는 사람을 공격함으로써 욕구불만을 해소할 수 있을지 모르지만, 속 시원한 상태는 오래가지 않는다. 근본에 있는 것은 자신 안에 있는 피해자 의식이므로 피해자 의식의 원인이 된 문제를 해결하지 않는 한 다시 불만이 커진다.

이렇게 해서 욕구불만형은 자신이 공격하기 쉬운 상대를 찾아 오늘도 쇼 프로그램을 보거나 인터넷 공간을 헤맨다.

❖ ❖ ❖

사실은 나도 악성 댓글 폭주를 경험한 적이 있다.

2013년, 일본에서 PC 원격조작사건이 있었다. 범인이 다른 이의 컴퓨터를 원격으로 조작해 대량 살인을 예고하는 글을 인터넷에 올렸던 사이버 범죄 사건이었다. 당시 경찰은 컴퓨터 사용자들을 범인으로 단정해 체포했다. 이후 진범이 경찰에 에노시마江の島 지역의 고양이에게 목걸이를 달았다는 메시지를 직접 보내면서 체포되었고 사건도 마무리되었다. 범인은 후에 위력에 의한 업무방해 등의 죄로 유죄 판결을 받았다.

당시 나는 신문 연재 칼럼에 이렇게 썼다.

"용의자 남성이 체포되었다. 용의를 부인하고 있어서 진상은 수사 결과를 기다려야 하지만, 이성에게 인기가 없을 것 같다는 것이 첫인상이다. (중략) 물론 이성에게 인기가 없기 때문에 반사회적인 행위로 내달린다는 것은 너무 성급한 발상이다. 그러나 이성에게 인기가 있느냐, 인기가 없느냐 하는 것은 특히 남성에게 '레종 데트르_raison d'être (존재 가치)'와 관계한 중요한 문제다."

이 칼럼은 'PC 원격조작사건의 범인이 이성에게 인기가 없어서 범죄를 저질렀다.'라는 주장으로 독자에게 인식되어 인터넷을 중심으로 큰 비난을 받았다. 그런데 나는 사실 이 칼럼을 쓰면서 이성에게 인기 없는 사람을 멸시할 생각은 없었다. 무엇을 감추랴. 나 자신도 이성에게 인기가 없다. 나는 여성에게 인기 없는 남성에게 친근감을 느끼고 있었다. 그래서 독자들이 칼럼을 제대로 읽으면 오히려 내가 여성에게 인기 없는 세상의 남성들을 응원한다는 것을 알 수 있을 것이라 생각했다.

그러나 진의는 전해지지 않았다. 인터넷에 기사가 확산되자 사나흘 동안 비방과 중상의 글이 메일과 트위터에 쇄도했다. 순수하게 나를 충고하는 내용이었다면 참을 수도 있었다. 그러나 악성 댓글의 대부분은 "못생긴 당신이 할 말이 아니다." 혹은 "50살 넘으면 할망구다."라는 식의 나의 주장이 아닌 용모를 공격하는 내용이었다. 그 칼럼은 23회째 연재였기 때문에 화면에는 '가타다 다마미(23)'로 표기되었는데 그것을 보고 "안면 편차치(얼굴의 아름다움을 판단하는 기준이라는 의미의 속어-옮긴이) 23인 주제에. ㅋㅋㅋ"
라고 쓴 사람도 있었다. 나는 우울증 상태가 되어 일주일
정도 정신을 차리지 못했다.

칼럼에 주장한 내용에 대해서는 지금도 옳다고 생각한
다. 그러나 아무리 범죄자라 해도 특정 개인을 "이성에게
인기가 없을 것 같다."라고 평한 것은 경솔했다. 실제로 악
성 댓글로 자신의 외모를 언급당하니 나도 크게 상처를 받
았다. 똑같은 것을 주장해도 다른 식으로 표현할 수 있었을
텐데 그 점은 반성한다.

반면에 당사자가 아닌 사람이 왜 이렇게까지 나를 질책
할까 하는 의문도 들었다. 물론 개중에는 이성에게 인기가
없다는 자각이 있어서 그 칼럼으로 자신이 멸시당했다고
느낀 사람도 있을 것이다.

그러나 악성 댓글의 수가 많은 것을 생각하면 아마 이성
에게 딱히 인기가 없지 않은 사람도 꽤 많이 악성 댓글 행
렬에 참여했을 것이다. 그들이 당사자들과 하나가 되어 나
를 공격한 것은 이 문제와 관계없는 일에서 욕구불만 상태
가 되었기 때문이 아닐까.

사람의 용모를 언급한 것에 대해서는 전면적으로 나의
잘못이기 때문에 솔직하게 반성하는 수밖에 없다. 그런데

이런 약점을 잡힌 상대는 욕구불만인 사람에게 절호의 타깃이다. 그 구도에 나도 붙잡히고 말았다. 그런 경험은 이제 지긋지긋하다.

남을 끌어내리고 싶어
'정의'를 휘두르는 것은 아닌가

타인을 심판하고 싶어 하는 사람 중에는 '시기심'으로 정의를 휘두르는 사람도 많다.

가장 먼저 떠오르는 것은 불륜을 저지른 연예인과 정치인에 대한 비난이다. 예를 들어 앞에서 불륜과 관련해 언급한 탤런트라든지 본인은 불륜을 인정하지 않았지만 의혹이 보도된 국회의원들도 철저하게 공격당했다. 이들 여성은 모두 미인이라는 공통점을 갖고 있다. 그리고 불륜 상대인 남성도 미남이다.

특히 나도 시기심을 느낀 것은 야마오 시오리 의원이다. 그는 40대인데 상대는 9세 연하의 변호사다. 나를 포함한 세상의 중년 여성들은 '할 수 있다면 나도 연하 미남과 사귀고 싶다.'라고 생각할 것이다.

핵심은 만일 세상의 여성들이 불륜 행위를 저질러도 좋다고 자신에게 허가를 내렸어도 실제로 할 수 있을지는 알 수 없다는 것이다. 프랑스의 정신과 의사 프랑수아 를로르 Francois Lelord 와 크리스토프 앙드레 Christophe André 는《내 감정 사용법 La Force des émotions》에서 다음과 같이 말한다.

"타인에 비해 자신이 조금이라도 열등하다는 의식이 들고 그 차이를 쉽게 메울 수 없다는 것이 확실할 때 시기심에 사로잡힌다."

"상대가 가진 것이 자신에게 중요하지 않으면 자기평가가 손상되지 않아서 시기심도 느끼지 않는다."

즉, 이루고 싶은 소망이 있어도 능력과 환경 문제로 어려운 상황인데, 비슷한 소망을 다른 사람이 실현하는 것에 열등감을 느껴 시기하는 감정이 생겨나는 것이다. 예를 들어 국회의원의 불륜 상대가 자신도 쉽게 만날 수 있는 평범한 사람이었다면 시기심은 느끼지 않을 것이다. 자신의 파트너에게 진심으로 만족해서 다른 사람과의 연애에 전혀 관심이 없는 경우에도 시기심은 생기지 않는다.

공격하는 사람은 불륜이 나쁘다고 크게 소리치지만 사실은 단순한 시기다. 라 로슈푸코는 "시기심은 타인의 행복을 용납하지 못하는 데서 치솟는 화다."라고 했는데, 그

말대로다.

재미있는 것은 자신과 상대 사이에 메우기 어려운 차이가 있어도 그 차이가 절망적일 만큼 크면 시기하는 감정조차 일지 않는다는 것이다. 가령 일본의 한 남성 배우와 불륜 관계를 가졌다고 공표한 여성 배우 고이즈미 쿄코小泉今日子(80년대를 주름잡은 아이돌로, 당시 일본 광고계의 보증수표라 할 만큼 인기가 있었다.)에게는 비난다운 비난이 일지 않았다. 불륜이 발각되기 전 스스로 공표했기 때문이기도 하지만 사람들 사이에 '그 사람은 특별하다'라는 생각이 있었기 때문이기도 했다.

대조적으로 불륜 때문에 대하드라마에서 중도 하차한 배우도 있다. 물론 그녀도 미인이지만 한때 몸이 통통해서 지금처럼 '아름다운 마녀'의 느낌은 없었다. 일반인이 보면 천상계의 사람보다는 아직 손이 닿을 정도의 미인이었을 것이다. 압도적인 차이가 있는 상대는 아니기 때문에 일반인인 우리는 시기심을 품는다.

부자에 대한 시기도 마찬가지다. 아랍의 석유왕이나 세계 제일의 부자인 미국 아마존닷컴의 제프 베조스Jeff Bezos가 어떤 식으로 돈을 사용하든 사람들은 별세계의 동화를 듣는 것처럼 받아들일 것이다. 그러나 자국의 벤처 경영자가 회사를 상장시켜 일약 부자가 되면 용납하지 못하고 끌어내리고 싶어진다.

자신과 상대의 차이가 작을수록 시기심은 일지 않고, 반대로 차원이 다를 만큼 차이가 커도 시기심으로 상대를 공격하지는 않는다. 그 차이의 절묘함이 시기심을 만들어낸다.

❖ ❖ ❖

시기와 자주 혼동하는 감정에 '질투'가 있다. 앞서 지적했듯이 시기심은 타인의 행복을 용납하지 못하는 화다. 대상이 되는 사람이 행복한 상태에서 불행한 상태로 전락하면 가령 자신의 상황은 바뀐 것이 없어도 만족한다. 즉, 시기는 자신의 이득을 목적으로 한 감정이 아니다.

반면에 질투는 자신의 소중한 것을 잃을지도 모른다는 불안으로부터 생겨난다. 가령 직장에 두각을 보이는 후배가 있다고 하자. 이대로는 추월당해 지금 자신의 지위를 빼앗길지도 모른다. 이런 상황에서 후배에 대해 느끼는 감정이 바로 질투다.

혹은 자신의 애인이 다른 사람과 친하게 대화하는 장면

을 상상하면 알기 쉬울 것이다. 이때 느끼는 것은 시기가 아니라 질투다. 질투는 시기와 달리 이미 손에 쥔 것이나 장래에 얻게 되는 것에 대한 집착에서 생겨나는 감정이다.

시기와 질투는 대상과의 관계도 다르다. 시기의 대상이 되는 사람이 꼭 자기 주변에 있는 것은 아니다. 오히려 자신과는 직접 관계없는 세계에 사는 사람인 경우도 적지 않다. 반면에 질투의 대상이 되는 것은 자신과 관계가 있는 이해관계자다. 비교적 작은 사회 속에서 상대가 불행해지면 자신이 이득을 얻는 관계일 때 질투가 생기기 쉽다.

양쪽 모두 비대화시키면 자신을 멸망시킬 수 있는, 다루기 어려운 감정이기 때문에 난폭해지지 않도록 통제하는 것이 중요하다.

자신의 시기나 질투의 감정을 인정하는 용기

그럼 시기와 질투의 감정이 치솟으면 어떻게 할까?

먼저 자신이 그런 감정을 느낀다는 것을 깨달아야 한다. 사람들은 일반적으로 시기와 질투를 창피한 감정으로 인식한다. 그래서 자신 안에 그들 감정이 치솟아도 부인하고 모른 척하는 경우가 많다. 가령 시기나 질투로 사람을 공격하면서도 '세상을 바로잡는다'고 생각한다. 이렇게 시기와 질투의 감정을 다른 것으로 덮으면 손쓸 방법이 없다. 자신이 시기나 질투를 느낀다는 것을 인정해야 대처할 수 있다.

우선 '자신이 상대의 불행을 바라는지' 자문자답해보자. 상대가 불행해지는 모습을 상상했을 때 속이 시원하다면 시기하는 감정을 품고 있을 가능성이 크다. 자기 안에 시기하는 감정이 있다면 생각을 '타책他責형'에서 '자책自責형'으로 바꿔야 한다. 프랑수아 를로르와 크리스토프 앙드레는 시기심을 다음과 같이 세 가지로 분류했다.

① 경외적/경쟁적 시기심
② 침체적 시기심
③ 적대적 시기심

'경외적/경쟁적 시기심'은 타인을 부러워해서 고뇌하고 경쟁의식을 불태우면서도 자신도 그렇게 되고 싶어 노력하는 사람, 즉 자기책임형인 사람이 품는 타입의 시기다. 이 시기심은 자신에 대한 연구로 이어지므로 오히려 좋은 시기심이라고 할 수 있다.

반면에 '침체적 시기심'은 타인이 행복해하는 것을 보고 자기혐오에 빠지는 타입의 시기다. 심한 경우 자신의 운명을 저주하며 우울해져서 뭔가를 할 기분도 사라진다. 타인에게 해는 없지만 자기성장도 없다.

더욱 나쁜 것은 '적대적 시기심'이다. 이 타입의 시기심을 품은 사람은 자기 힘으로 행복도를 바꾸기 어려운 상황에 있는 경우가 많다. 자기 힘으로는 아무것도 바꿀 수 없기 때문에 타인이 불행해져서 자신과 같은 상황까지 떨어지기를 바란다. 타인을 심판하고 싶어 하는 사람이 바로 이 적대적 시기심 타입이다.

자신과 상대에게 차이가 있는 상황이어도 그 원인을 자신에게서 찾느냐 아니면 밖에서 찾느냐에 따라 시기심의 질은 달라진다. 다른 사람을 탓하는 경향이 강해지면 '적대적 시기심'이 되어서 타인을 저주하게 된다. 이래서는 아무도 행복해질 수 없다.

자신과 상대가 차이가 있을 때는 먼저, 이 상황을 만들어낸 것은 나 자신이라고 생각해야 한다. 그리고 도저히 메우기 어려운 큰 차이가 벌어져도 성실히 노력하면 언젠가 차이가 좁혀질 수 있다고 믿어야 한다. 이렇게 사고를 자신의 책임 위주로 바꾸면 '경외적/경쟁적 시기심' 타입으로 바뀌어 긍정적인 에너지를 불태울 수 있다.

자기 안의 감정이 '질투'인 경우도 마찬가지다. 질투의 주요 원인은 '상실불안喪失不安'이다. 질투를 느낀다고 자각할 수 있으면 절대 잃고 싶지 않은 소중한 것도 보일 것이다. 그것을 알면 소중한 것을 유지하기 위해 자신이 할 수 있는 것에 초점을 맞춘다. 그리고 자신이 할 수 있는 일을 하나씩 성실히 해나간다.

처음에는 경쟁자를 밀어내는 것이 소중한 것을 지킬 수 있는 쉬운 방법이라고 생각할 수 있다. 그러나 경쟁자를 밀어내도 다시 새로운 경쟁자가 나타나기 십상이다. 긴 안목으로 보면 타인을 몰아내기보다 자신이 성장해서 소중한 것을 지키는 것이 득이다. 그 점을 깨닫고 노력을 계속하면 결국 소중한 것을 지킬 수 있다는 자신감을 얻게 되어 질투도 누그러진다.

○─ '좋아요'를 받기 위해서라면
못 할 것이 없어

타인을 심판하고 싶어 하는 사람 가운데 자신의 승인욕구를 충족시키기 위해서 제삼자를 공격하는 것이 '승인욕구형'이다.

전형적인 예는 '좋아요'를 얻기 위해서 악성 댓글 행렬에 참여해 과격한 글을 올리는 사람들이다. 그들은 모두와 하나 되어 누군가를 심판하는 것으로 안식처를 얻어 안심한다.

승인욕구형은 승인욕구가 채워지지 않았다는 점에서 욕구불만형에 가깝다. 단, 욕구불만형처럼 스트레스 발산으로 사람을 공격하는 것은 아니다. 욕구불만형은 가령 아무도 자신을 보지 않아도 자신이 공격한 상대가 타격을 입으면 그것으로 욕구불만이 해소된다. 반면에 승인욕구형은

'사람에게 인정받는 것'이 목적이므로 관객이 없는 상황에서는 사람을 공격하지 않는다. 또, 자기현시욕이 강해서 인터넷 게시판에 글을 올릴 때 익명이 아니라 닉네임 등을 사용해 자기 존재를 주위에 알리려고 한다. 즉, 자신의 시선을 '심판하는 상대'에게 향하는 것이 욕구불만형, '관중'에게 향하는 것이 승인욕구형이라고 할 수 있다.

SNS의 보급으로 최근에는 승인욕구가 남보다 강한 타입이면서 타인을 심판하고 싶어 하는 사람이 늘고 있다. 그렇다고 SNS를 범인 취급하는 것은 당치 않다. 문제는 현실의 일상에서 승인욕구를 충족시킬 수 없게 된 것에 있다. 일상에서 안식처를 잃은 이들은 인터넷이라는 공간에서 자신의 존재를 인정받으려고 한다.

내가 고문 의사로 관계하고 있는 모 기업에서는 일이 격감해 정리해고를 검토하게 되었다. 일이 없으면 성과를 내 자신의 존재를 어필할 수도 없다.

의류 회사에서 근무하는 지인은 "옛날에는 패션으로 자기주장을 했는데, 20년 전과 비교해 지금은 옷이 팔리지 않는다."라고 한탄한다.

요즘 젊은이들은 돈이 있으면 패션으로 자기주장을 할 것이다. 그러나 가처분소득(가계의 수입 중 소비와 저축을 할 수 있는 소득-옮긴이)이 적기 때문에 합리적인 패스트 패션 fast fashion (빠르게 변화하는 유행에 맞춰 디자인을 빨리 바꿔 내놓는 패션을 통틀어 이르는 말-옮긴이)을 택할 수밖에 없다. 그래서는 승인욕구가 충족되지 않으니 자랑하기 좋은 명소에 가서 사진을 찍고 SNS에 업로드해 '좋아요'를 받으려고 한다.

승인욕구형이든 뭐든 공격적인 댓글로 비방하고 중상하는 것은 용서받을 수 없다. 그러나 그들이 승인욕구를 키우게 된 시대 배경을 생각하면 동정의 여지가 있을지도 모른다.

방관자에게
죄가 없는 것은 아니다

'인터넷 게시판에서 가끔 악성 댓글이 폭주하는 것을 보지만 나는 보기만 할 뿐이니까 관계없다.'라고 생각하는 사람이 많은데 방관자에게 죄가 없는 것은 아니다.

승인욕구형으로 타인을 심판하려는 사람은 그 자리를 지배하는 '공기'를 읽어서 모두의 기대에 부응하려고 과격한 글을 올린다. 그 자리에는 단지 보기만 하는 방관자도 포함되어 있다. 직접 몰아대지 않아도 무관하지 않다.

4장에서 소개한 다나카와 야마구치의 조사에서는 인터넷 사용자 가운데 과거에 한 번이라도 악성 댓글을 작성한 경험이 있는 사람은 1.1퍼센트, 과거 1년 내에 경험이 있고 현재도 작성하는 사람은 불과 0.4퍼센트에 불과했다. 즉, 대부분은 보기만 하는 방관자다.

실제로 악성 댓글을 작성한 사람도 모두 집요하게 댓글을 작성하는 것은 아니다. 앞에서도 소개했는데, 다른 조사에 의하면 적극 작성자(과거 1년 동안 열한 건 이상의 악성 댓글을 작성했고 한 건당 최고 50번 넘게 댓글을 작성한 사람)는 4만 명 가운데 일곱 명에 불과했다. 대개는 리트윗을 하거나 '좋아요'를 누르거나 감상을 한마디 더하는 정도의 가벼운 참가자였다.

가볍게 참가하는 사람은 자신은 비방이나 중상의 글을 직접 올린 것이 아니므로 책임이 없다고 생각할 것이다. 그러나 적극적인 참가자 가운데 승인욕구형인 사람은 리트윗이나 '좋아요'의 수가 늘어나는 것을 기대하고 과격한 글을 올린다. 그렇다면 구체적인 행동을 일절 하지 않는 방관자는 어떨까?

모리타 요지森田洋司 오사카시립대 명예교수는 저서《이지메란 무엇인가いじめとは何か》에서 이지메(괴롭힘)는 '가해자'와 '피해자'뿐만 아니라 부추기는 '관중'과 보고도 못 본 척하는 '방관자'의 네 개 층으로 이루어진다고 설명한다. 그리고 자세한 조사를 근거로, 이지메가 더욱 심해지는 것은 방관자의 비율이 높을 때라고 주장한다.

방관자는 언뜻 직접적인 괴롭힘과는 관계가 없는 것 같

지만 '이 사람은 괴롭힘을 당해도 어쩔 수 없다.'라는 분위기를 만들어내는 데 가담한다. 인터넷 공간에서도 다르지 않을 것이다. 가장 나쁜 것은 자신의 승인욕구를 충족시키기 위해 타인을 공격하는 사람이다. 그러나 방관자에게도 책임이 전혀 없는 것은 아니다.

물론 한마디로 방관자라고 해도 온도 차이는 있다. 그중에는 사실은 공격당하는 피해자를 옹호하고 싶지만 왠지 주저하게 되어 입을 다무는 사람도 있을 게 분명하다. 집단 안에서 주류파와 다수파가 흐름을 만들면 이후에는 '동조 압력'이 생겨서 반대 의견을 말하기 어려운 공기가 형성된다. 만일 그 공기 안에서 피해자를 옹호하면 자신도 비난당할지 몰라 두려워 입을 다무는 것이다.

❖ ❖ ❖

이런 동조 압력이 생겨나는 것은 일본을 지배하는 것이 '사회'가 아니라 '세간世間'이기 때문일 것이다. 사회는 메이지 시대(메이지 천황의 통치를 가리키는 이름으로 1868~1912년을 가리킨다.-옮긴이)에 서양에서 수입된 개념이다. 그 훨씬 이전부터 일본인은 세간 속에서 살아왔다.

세간이란 무엇일까? 역사학자 아베 긴야阿部謹也는 저서 《'세간'으로의 여행 – 서양 중세에서 일본 사회로「世間」への旅 西洋中世から日本社会へ》에서 이렇게 말한다.

"세간이란 '실질적인 이면의 인간관계'이다."

세간을 구성하는 것은 같은 일원의 자격을 가진 사람으로, 매우 폐쇄적이며 배타적이다. 만일 주류파나 다수파에 반항하면 일원의 자격을 박탈당할 우려가 있다. 그런 두려움 때문에 암묵의 규칙이 동조 압력으로서 구성원을 짓누른다.

하지만 그런 세간도 지금은 붕괴하고 있어서 암묵의 규칙조차 애매해지고 있다. 예전에는 세간에서 언제 어디서든 통용되었던 암묵의 규칙이 지금은 그 자리의 공기에 따라 달라진다. 극작가 고카미 쇼지鴻上尚史는 《'공기'와 '세간'「空気」と「世間」》이라는 책에서 "'세간'이 변천한 것이 '공기'"라고 지적했는데 매우 예리한 분석이다.

인터넷 공간에 떠도는 것도 공기다. 방관자는 공기를 읽고 입을 다물어버리고, 승인욕구를 가진 사람 역시 공기를 읽고 과격한 비난을 한다. 마치 모두 공기에 조종되는 것 같다.

그 자리의 공기에 개인이 반항하기는 쉽지 않다. 그러나 적어도 '지금 나는 이런 공기 안에 있다.'라고 인식하는 것이 중요하지 않을까. 상황을 객관적으로 보는 것이 방관자가 되지 않는 첫걸음이 된다.

Epilogue

인생이 뜻대로
안 되는 것은
누구의 탓일까?

지금 사회에는 피해자인 척하는 사람들이 넘쳐난다. 그들은 죄 없는 사람을 가해자로 몰아 타격을 주려고 한다. 피해자 가면을 쓰고 있지만 실제 가해자는 그들이다. 할 수 있다면 관계를 갖지 않는 것이 자신을 위한 방법이다.

이 책에서는 피해자인 척하는 사람의 특징과 그들로부터 자신을 지키는 방법을 소개했는데, 마지막에 다시 강조해두고 싶은 것이 있다. 피해자인 척하는 사람들을 만들어내는 자기책임사회의 공죄에 대해서다.

나는 개인이 자신에 대한 책임을 갖고 노력하는 모습을 아름답다고 느낀다. 자기 인생을 스스로 책임질 각오가 있기 때문에 사람은 노력을 계속할 수 있다. 자기 인생을 타인에게 맡기면 사람의 성장은 멈춰버릴 것이다.

그러나 개인이 자기책임을 갖고 노력하는 것과 사회가 개인에게 자기책임을 강요하는 것은 다르다. 고이즈미 내각 이후 일본은 자기책임을 묻는 사회로 급속히 바뀌었다. 이전에는 국가나 기업, 가정과 지역 같은 공동체가 책임의 일부를 맡아 도와주었는데 "돈을 못 버는 것은 당신 탓이다."라거나 "생각대로 살 수 없는 것은 노력이 부족하기 때문이다."라고 말하며 약자를 돌보지 않게 되었다.

과거에는 자기책임이라는 말에 꿈과 희망이 포함되어

있었다. 그러나 지금 자기책임이라는 개념은 사람을 용서 없이 버리기 위한 도구로 사용된다. 이미 그 말에서는 냉혹한 이미지밖에 떠오르지 않는다.

누구나 '실패는 당신 자신의 탓'이라고 질책하면 괴롭다. 자기책임을 과도하게 요구하는 풍조가 심해지면서 사람들은 압박에 노출되어 벌벌 떨며 살게 되었다. 개인이 자기책임을 각오하고 노력하는 것은 중요하지만 사회가 그것을 강요하면 사람들의 눈에서 빛이 사라진다.

피해자인 척하는 사람이 눈에 띄게 된 것도 자기책임사회와 무관하지 않다. 지나치게 자기책임을 추궁당하면 그 상황을 견디지 못하는 사람은 자신을 지키기 위해 오히려 다른 사람을 탓하게 된다.

'내 인생이 뜻대로 되지 않는 것은 내 탓이 아니라 다른 누군가의 탓이다.'

그렇게 생각하면서 자기책임을 줄여 자신을 위로하고 마음의 균형을 유지하려고 하는 것이다.

피해자인 척하는 사람은 다루기 어려운 존재이지만 그들을 규탄하기만 해서는 상황이 개선되지 않는다. 현실에 있는 피해자인 척하는 사람들로부터 자신을 지키면서 그들을 만들어내는 구조, 즉 과도한 자기책임사회의 근본적인 해결을 꾀하는 것이 중요하다.

이 책이 문제 해결에 작은 도움이 된다면 저자로서 더 이상 큰 기쁨은 없을 것이다.

옮긴이 **홍성민**

성균관대학교를 졸업하고 교토 국제외국어센터에서 일본어를 수료하였다. 현재 일본어 전문 번역가로 활동 중이다. 《인생이 빛나는 정리의 마법》, 《잠자기 전 30분》, 《물은 답을 알고 있다》, 《예민함 내려놓기》, 《설레지 않으면 버려라》 등 다수의 책을 우리말로 옮겼다.

너와 있으면 나만 나쁜 사람이 되는 것 같아

초판 1쇄 발행 2019년 6월 24일
초판 2쇄 발행 2019년 7월 1일

지은이 • 가타다 다마미
옮긴이 • 홍성민

펴낸이 • 박선경
기획/편집 • 권혜원, 김지희, 한상일, 남궁은
마케팅 • 박언경
홍보 • 권장미
표지 디자인 • 엄혜리
본문 디자인 • 디자인원
제작 • 디자인원(031-941-0991)

펴낸곳 • 도서출판 갈매나무
출판등록 • 2006년 11월 30일 제2006-000092호
주소 • 경기도 고양시 일산동구 호수로 358-25 (백석동, 동문타워Ⅱ) 912호
전화 • 031)967-5596
팩스 • 031)967-5597
블로그 • blog.naver.com/kevinmanse
이메일 • kevinmanse@naver.com
페이스북 • www.facebook.com/galmaenamu

ISBN 979-11-90123-01-3/03190
값 13,000원

• 잘못된 책은 구입하신 서점에서 바꾸어드립니다.
• 본서의 반품 기한은 2024년 6월 30일까지입니다.

이 도서의 국립중앙도서관 출판예정도서목록(CIP)은 서지정보유통지원시스템 홈페이지 (http://seoji.nl.go.kr)와 국가자료종합목록시스템(http://www.nl.go.kr/kolisnet)에서 이용하실 수 있습니다.(CIP제어번호: CIP2019020522)